頭がいい人の論理的思考が身につく！

大人の思考実験

Adult Thought Experiments

笠間リョウ
Ryo Kasama

SOGO HOREI PUBLISHING CO., LTD

はじめに

これからを生きる大人にとって「自分の頭で考える力」が必須になってきました。

テクノロジーが飛躍的に発展し、1年後の予測も困難な時代です。このような時代を生きる私たち大人にとって、「自分の頭で考える力」の重要度が年々高まっています。

「自分の頭で考える力」がないと、情報に振り回され、ルール通りにしか動けない、消極的な人間になってしまいます。

私は、「自分の頭で考える力」を高める一番の近道が思考実験をすることだと思っています。思考実験は、実際に何かをやるわけではなく、頭の中で考える実験のことです。

今を生きている大人にこそ、楽しみながら思考実験をしてほしいと思っています。

思考実験は基本的には、新しい技術や学説、考え方、今まで見落とされていた考えを

件を設けて、頭の中で推論を重ねていく実験のことを思考実験といいます。

「前提（ぜんてい）」として、ある「仮説」や「結論」を導き出すものです。実際には設定できない条件を設けて、頭の中で推論を重ねていく実験のことを思考実験といいます。

こうやって聞くと、「難しそう」「自分とは関係がない」と思うかもしれませんが、思考実験とは簡単にいうと考えるゲームです。

つまり、実際に物を使ったり、場所を変えたりするのではなく、想像力を使って新しいアイデアや考えを見つける方法です。

たとえば、あなたがおもちゃのロボットをつくることを考えているとします。でも、そのロボットにどんな機能をつければいいのか悩んでいます。そこで、思考実験を行います。頭の中でロボットができたら、何をするかを考えます。ロボットが家の掃除を手伝ってくれたり、ごはんをつくってくれたり、おしゃべりをしたりすることができるかもしれません。そうやって、頭の中で具体的に想像してみるのです。これが思考実験です。

思考実験をすることで、新しいアイデアを考えたり、問題の解決策を見つけたりすることができるようになります。これは、仕事や学校や日常生活で非常に役立ちます。

思考実験をすると、自分の考え方や想像力が広がるので、楽しみながら思考力を鍛えることができるはずです。

私たちは日々、仕事、友達、家庭、学校を問わずにさまざまな問題と直面をしています。仕事であれば、いつも使っている解決の手段があるかもしれません。しかし、いつもの手段は本当に正しいのでしょうか?

ときには、1から違う論理で考えて別の方法を試すべきかもしれません。もしくは、疑問点を見つけて、質問を重ねることで新しい答えが見つかるかもしれません。

人生は答えのないことの連続なのです。

思考実験にはよく「パラドックス」という言葉が頻繁に出てきます。

「パラドックス」とは正しいようで実は矛盾が生じていたり、正しい考え方をしても答えに矛盾が生じてしまうようなことをいいます。このように答えがない問題を解くことはこれからの時代を生き抜く上でとても役に立ちます。

考える力を身につけることは「生きる力」になります。人の思考は考えれば考えるほど柔軟になっていきます。思考実験は考えを深めるための最高の遊びなのです。

その中で、思考実験は特に論理的思考力を身につけるのに役に立ちます。論理的思考力を身につけるためには、私が考えるには次の6つの手順があります。思考実験をするとその6つの手順が勝手に身につきます。

①　問題の分解

論理的思考を身につけるためには、まず問題を細かく分解することが重要です。問題が何であるかを理解し、その要素や影響を考えてみましょう。

②　情報の収集

問題についての情報を集めましょう。情報を集めることで、より正確な判断を下すことができます。信頼できる情報源から情報を収集することが重要です。

③　仮説を立てる
問題に対する仮説を立てます。これは、問題に対するあなたの考えや予想です。仮説は根拠に基づいている必要があります。

④　推論を立てる
仮説を検証するために、論理的な推論を行います。これは、あなたの考え方を根拠として論理的に説明することです。因果(いんが)関係や関連性を考えながら、推論を立てていきます。

⑤　反論の可能性
自分の仮説や論理的な推論を検討し、反論できる可能性があるかどうか考えましょう。他の視点や情報を考慮することで、より客観的な判断ができます。

⑥　結論を出す
最終的な結論を出します。これは、あなたが行った分析や推論に基づいて、問題に

対する答えや解決策を導き出すことです。

これらの6つを順番に実践することで、論理的思考を身につけることができます。訓練を続けることで、より論理的に問題に取り組むことができるようになります。思考実験をすることによって、より高度な問題にも対応できるようになります。

ビジネスの世界では、売り上げを上げるために、新しい製品やサービスをつくるためにも、成功したやり方や製品の「再現性」が重要な成功の要素になっています。つまり、成功の因果関係や法則性を調べることが重要になってくるのです。そのためには、論理的思考は不可欠なのです。

思考実験には、さまざまな種類が存在します。

科学的な仮説を証明するためにつくられたもの、社会規範や倫理上の問題点をわかりやすくするためにつくられたもの、定説や常識になっている理論に反論したり、疑問を呈(てい)したりするために考えられたものなど、さまざまです。

過去の名作と呼ばれている思考実験は哲学者や科学者がつくったものが多いのですが、思考実験をつくるに至った背景などを調べるのも、また面白いです。

本書では、思考実験を通じて、論理的思考を自然にできる問題を紹介します。紹介する思考実験には、有名な科学者たちが行った思考実験をはじめ、オリジナルの思考実験も紹介しています。

本書を読むことで、少しでも思考実験の楽しさが伝われば幸いです。思考実験を通して「自分の頭で考える力」を身につけてください。

どうか最後までよろしくお付き合いください。

目次

第2章

考えることが楽しくなる思考実験

第3章

問題が解きたくなる思考実験

装丁／別府拓（Q.design）
イラスト／ぷーたく
本文デザイン／木村勉
ＤＴＰ／横内俊彦
校正／髙橋宏昌

第1章

面白くて眠れなくなる思考実験

思考実験1 「誰も望まない旅行」

ある真夏の日曜日、父親が家族で海の近くの温泉に出かけようと言いました。

しかし、息子は野球の約束があり、「すでに予定が入っている」と言おうとしたときに、母親と娘が「素晴らしいアイデアね。久しぶりだし、楽しみましょう！」と賛成したため、反対することもできず、息子はしぶしぶ賛成しました。

しかし、温泉までの道のりで、大渋滞に巻き込まれ、料理も温泉もあまりよくはありませんでした。長時間の運転で疲労のピークに達した父親は、「本当は近場で、釣りでもしたかった」と口にすると、母親と娘も「私たちも本当は買い物に行きたかったのよ」と言い出しました。それを聞いた息子は、「僕だって、本当は野球の約束があったんだ。でも、みんなが、賛成するから……」と言ったのです。

提案者である父親を含めて、誰も旅行に行きたくなかったということを家族全員が知ったのは、旅行が終わったあとだったのです。なぜこんなことが起きたのでしょうか？

【解説】

これは、集団思考の一例として有名なパラドックスです。

これは、アメリカの経営学者であるジェリー・ハーベイが考えた「アビリーンのパラドックス」と呼ばれる思考実験です。

原典では、暑さのピークの時期にわざわざ砂漠を通って、アビリーンという街まで行く家族がモチーフになっています。

誰も望んでいないのに、お互いに気を使ったり、変更するのが面倒だったりする場合、みんなが望んでいると思って、悪い方向に進んでしまう集団心理を表しています。

この「アビリーンのパラドックス」は仕事でもよく起こります。自分だけ早く仕事が終わり定時で帰れるのに、上司や周りに気を使ってダラダラと仕事をしてしまうのもこのパラドックスです。

こうならないように、本音が言えるような信頼関係を日頃から築くことを心がけることが大切です。

思考実験２「ミキサーにかけられたヒヨコ」

かわいい声でピヨピヨと鳴いている1羽のヒヨコがいます。

このかわいいヒヨコがミキサーにかけられているのを見たら、あなたは「なんて可哀想（かわいそう）なことをするんだ」「なんて酷いことをするんだ！　最低！」と感じることでしょう。

ほとんどの方が同じことを思うはずです。

では、なぜそんなに可哀想と感じるのでしょうか？

ミキサーにかけられる前のヒヨコと、ミキサーにかけられた後のヒヨコでは一体何が違うのでしょうか？

【解説】

これは生物学者のポール・ワイスが考えた思考実験です。

ヒヨコがミキサーにかける前と、後では、その生き物が持っていた特徴や機能が大きく変わってしまいます。しかし、物質的には何も変わっていないのです。この状況で、ポール・ワイスは「生物学的組織」というものが失われると言っています。

生物学的組織とは、生き物が持っている構造や部分のことです。

たとえば、細胞や組織などが含まれます。ポール・ワイスは、この生物学的組織がなくなることで、生き物が持っている機能も失われると言っています。

つまり、生き物が生きていくために必要な働きや機能は、生物学的組織と密接に関連しているのです。

この考え方から、生物学的組織と生物学的機能はとても密接に関連していることがわかります。ただし、生物学の勉強をするときには、生物学的な構造だけではなく、その構造がどのように機能するかも大切になります。

ポール・ワイスの思考実験は、生物学の勉強を深める上で、細胞や組織だけでなく、その働きも理解することの重要性を示しています。

ただ、いくら想像上のことだとしても気持ちのいい思考実験とは言えません。

もしかしたら、ポール・ワイスも今でいう炎上商法のように話題になることを優先してこの実験を考えたのかもしれません。

思考実験3 「哲学的ゾンビ」

今は20××年の未来です。医療や科学技術が進歩し、ウイルスや人工知能、ロボットの研究でも大きな進展が見られます。ある研究チームが、死人を生き返らせることのできるゾンビウイルスを開発しました。このゾンビウイルスで生き返った死人は外見や行動、言語能力など、元の人間に非常に近い能力を持っています。

この研究チームは、元の人間の脳の構造と機能をほぼ完全に生き返らせるウイルスを開発しましたが、このゾンビウイルスでゾンビとなって生き返った死人には意識や感情が全く存在しないことがわかりました。

つまり、このゾンビは外見や行動だけでなく、物理的にも全く人間と同じように振る舞いますが、意識や感情がありません。このゾンビは周囲の環境に反応し、知覚し、行動しますが、それらの反応はすべて機械的な計算処理によって実現されているとされています。

果たして、あなたはこのゾンビを見分けることができるでしょうか?

【解説】

「哲学的ゾンビ」とは、物理的には人間と同じような外見や行動をしながら、内面に意識や感情が全くない存在です。

この思考実験は、意識や心の問題を探求するためにオーストラリアの哲学者デイビット・J・チャーマーズによって考えられました。

「哲学的ゾンビ」に登場するゾンビは、見た目は普通の人間です。違うのは意識がないだけです。感情が表に出ていても、それは機械的に計算されて出力されているだけに過ぎません。

ただ、実際の人間はどうでしょう？表に出している感情と実際に心の中で思っていることは必ず一致しているのでしょうか？　次のような経験はないでしょうか？

- 納得していないけど、とりあえず「ごめん」と誤っておこう
- もらったプレゼントが嬉しくないけど、とりあえず「やったー」と喜んでおこう

ケンカをしているときに「お前なんか死んじゃえ」と言ってしまった

このように、みなさんの日常でも表に出ている感情と心の中で思っていることが違うことはよくあることなのです。「哲学的ゾンビ」に登場するゾンビを他の人がゾンビだと特定をすることは極めて困難なことなのです。

そもそも、感情とは自分が経験したことを主観的に感じることであり、他人からはわかりません。感情は、家族や友達、パートナーであっても絶対に１００％理解することはできません。あなたは果たして本当にこのゾンビを見分けることができるのでしょうか？

「哲学的ゾンビ」は、意識の本質や意識の起源、身体と心の関係などを考えさせられる思考実験です。結局、人間は自分以外の感情を完全に読み取ることは不可能だということがわかります。

思考実験4「カニバリズム」

ある航空機が山岳地帯に墜落しましたが、数名の乗客が生き残りました。

彼らは雪山の中で孤立し、救助隊が到着するまで最低でも数週間かかると予想しています。

最初の数日間は、乗客たちは機内の食料や飲料を分け合いながら生存しますが、やがてそれらは尽きてしまいました。

生存者たちはしだいに飢えに苦しみ始めました。しかし、その中で、一人の男性が凍死しました。残された生存者たちは、彼の肉を食べることが唯一の生き延びる手段であることに気づきました。

この状況下で、生存者たちがこの死体を食べることは許されることでしょうか？

【解説】

この思考実験では、倫理的な考え方や道徳的な原則について深く考えることができます。人間の尊厳や生存権、個人の権利といったテーマが思考の中心になります。

この場合、生存者たちは極限の状況下で生存するために非倫理的な行動を取ったと見なされるかもしれませんが、同時に、彼らの行動は彼ら自身の生存権を守るための極限な状況下での合理的な行動とも見なされるかもしれないのです。

「カニバリズム」の思考実験では、極限の状況下での生存と倫理的な判断の間の緊張関係を浮き彫りにしています。

生存者たちは自己保存の本能と倫理的な原則との間で板ばさみになり、その結果、道徳的な選択を迫られることになるからです。

このような状況では、人々は個々の判断や価値観に基づいて異なる行動を取る可能性があると考えさせられる思考実験です。あなたはどう判断しますか？

思考実験5「バーチャル不倫」

人生にはさまざまなイベントがあります。結婚や出産、子どもの大学入試、就職など……。そうした人生の重要なイベント時期に、さまざまな圧力がかかって、パートナーとの信頼関係にひびが入ってしまうことも少なくありません。

「どうして、私の言うことをわかってくれないのか?」

「早く離婚したい。相手の顔を二度と見たくない」

でも、一方でどこか物寂しい気分を抱く人も少なくありません。そうやって不満を抱いている人の一部には不倫に走ってしまう人もいるかもしれません。

しかしながら、不倫はバレたときの代償が大き過ぎます。離婚、慰謝料や養育費の支払い、自宅は取り上げられ、自分の子どもに会えなくなってしまうかもしれません。社会的な信用を失ってしまうこともあります。

そこで、不倫はしたくないけれども、ちょっとだけ火遊びをしたいという人向けに、「バーチャル不倫」というＡＩとＶＲ技術を駆使した最新型の映像体験サービスがリリースされました。自分の性格や好みを入力すると、ＡＩがその人の好きなシチュエーションを構築します。リアリティのあるバーチャル空間で出会いの機会が提供されます。

情事の相手はＡＩがアレンジし、ユーザーがもっとも望む、言葉や行動を取ってくれます。費用は月額制で、ユーザーは不倫を体験している間は、カプセル型のルームで横になりながら、リアリティのある仮想体験をすることができます。

仮想空間でアバターを通じて本物の人間とつながり、恋愛や性行為をするのではなく、不倫相手はＡＩなので、完全にバーチャルな情事を楽しむことができます。リアルの人は介在しないので、本当の不倫ではありません。

浮気のスリルと快感を満喫することができるバーチャルサービスですが、サービスが開始された当初こそ、話題になったものの、すぐに廃(すた)れてしまいました。

一体、何が原因だったのでしょうか？

【解説】

この思考実験では、不倫の倫理問題について考えることができます。

不倫は何がいけないのでしょうか？

仮に自分のパートナーが「バーチャル不倫」を利用していたらと仮定して考えてみてください。現在、パートナーがいない人は、いると仮定してその気持ちを想像してみてください。

一般的に私たちは、不倫を倫理的に問題とするとき、パートナー以外の異性とつながっているということを挙げることが多いでしょう。

しかし、バーチャル不倫サービスのように、現実の人間が介在していなくても、不倫しているという体験だけでも、腹立たしいと考える人も少なくないでしょう。

要するに、不倫が私たちにとって問題なのは、パートナー以外の異性と性行為を行っているということなのではなく、「パートナーとの関係性を破壊している」ということが倫理的に問題だということなのです。

そうでなければ、自分のパートナーでもなんでもない、芸能人の不倫にいちいち目くじらを立てるというのは、おかしいということになります。

昨今、不倫問題が芸能界を中心に取り沙汰(ざた)されていますが、それに加えて、不倫のバッシングも行われています。不倫の何がいけないのかを思考実験で、もう一度考えてみましょう。

思考実験6 「ザ・バイオリニスト」

あなたは医師として病院で仕事をしています。

突然、緊急で一人の世界的な女性のバイオリニストが運び込まれました。この女性には緊急手術が必要です。この女性をあなたが手術をすることになりました。診察をすると、この女性を助ける唯一の方法は、あなたの身体と女性の身体を直接つなげる特殊な装置を使うことでしか治療ができないことがわかりました。

この女性を助けるためにこの装置が不可欠であり、この装置を使えばあなたは9カ月、あなたはこの女性から離れることはできなくなってしまいます。

あなたがその装置を使わないと、この女性はすぐに死んでしましします。

さらに、この装置を使うと、あなたにも健康上のリスクがあることがわかりました。下手をするとあなたも死んでしまう可能性すらあります。あなたならこの装置をつなげられますか？

【解説】

この思考実験はアメリカの哲学者のジュディス・ジャーヴィス・トムソンが考えたものです。「ザ・バイオリニスト」の思考実験とは、命の責任を問う問題です。

この思考実験はもともと妊娠中絶の倫理的な問題を考えるためにつくられました。

妊娠中の女性がその身体を使用している胎児にとっては、なくてはならない存在と見なすことができます。そして、女性が妊娠を継続させることは、胎児にとって生存の唯一の手段です。しかし、その女性が妊娠を中絶することは、胎児にとって致命的な結果になります。妊娠中は女性にも健康のリスクが高まります。

ただ、この問題の場合、あなたとバイオニリストは他人です。

この問題では、他人を助けるために自分の健康のリスクを負うべきではないという回答をする人が多いのも事実です。

自分の子どもと赤の他人では命の重さは違うと考える人がいるのも無理はありません。

あなたはこの状況でバイオニリストを助けることができますか？

思考実験7 「完全幸福クスリ」

あなたはスイスで3歳の子どもと暮らしています。

ある日、子どもが病気になり、治療しても回復の見込みがないことがわかりました。子どもの病気はかなり進行しており、苦しんでいる姿を見るたびに心が締めつけられます。最終的に、医者から安楽死を勧められます。あなたは悩み、子どものためを思って安楽死させてあげることにしました。しかし、あなたは子どもがいなくなることの絶望感にさいなまれ、パニック状態になってしまいました。

その場に駆けつけた医者が、パニック状態のあなたに最近開発された「完全幸福クスリ」を飲ませました。これは副作用のないクスリで、飲むとどんな経験をしても1週間は幸福感で満たされます。

あなたはすぐにその効果が現れ始めました。あなたの心は幸福感に包まれました。

あなたのこの状態は本当に幸せなのでしょうか？

【解説】

「他人から強制された幸せは本当に幸せか」ということを考える思考実験です。この問いは、幸せの定義や個人の人生観によって異なる可能性があります。

①自己決定理論的観点

幸せは、自分自身が自らの意志で選択した行動や状態から生じるとする立場です。他者からの幸せの強制は、その人の自己決定の自由を奪う可能性があります。この観点では、他者からの幸せの強制は、本当の幸せとは言えないと考えられます。

②心理学的観点

幸せは、個人の心理的な満足感や幸福感に関連しています。他者からの強制された幸せが個人にとって本当の幸せであるかどうかは、その人の内面的な感情や満足度にかかっています。一部の人にとっては、他者からの幸せの強制が本当の幸せとなる可能性もありますが、他の人にとってはそうではないかもしれません。

③ 倫理的観点

他人からの幸せの強制は、その他者の意図や行動によって個人の権利や尊厳が侵害される可能性があります。倫理的には、他者からの幸せの強制は、個人の自由や尊厳を尊重する立場から問題視されることがあります。

以上の3つの観点から考えると、他人からの幸せの強制が本当の幸せと言えるかどうかは、その具体的な状況や個人の立場によって異なります。

それは、幸せは個人の主観的な経験に深く根ざしており、一般的な定義や解釈で語ることが難しいからです。

あなたはこの「完全幸福クスリ」があったら飲みたいと思いますか？

思考実験８「犯罪抑制クスリ」

２０××年の世界において、科学の進歩により、脳機能と犯罪の相関関係が驚くほどの明確さで示されました。長年の研究の成果として、特定の脳の機能や構造の変化が犯罪行為と関連していることが明らかになりました。

これにより、犯罪をする可能性が高いと予測される人々に対して、特定のクスリを投与することが国により決定されました。

このクスリは、脳の特定の機能や化学物質のバランスを調整し、通常の脳機能に戻すことができます。これにより、犯罪をするリスクが低下し、社会全体の安全度が向上すると期待されています。

この国の決定は本当に正しいことなのでしょうか？

【解説】

この実験は複雑な問題を含んでいます。まず、犯罪をする可能性が高いと予測された人々にクスリを強制的に飲ませることは、彼らの個人の自由やプライバシーの権利を侵害する可能性があります。個人の自己決定権や自己責任の原則に反するかもしれません。

また、脳機能と犯罪の相関関係があるとしても、それは因果関係を意味するわけではありません。脳の機能が異常であるからといって、その人が必ずしも犯罪を犯すとは限りません。また、逆に、正常な脳機能を持つ人でも犯罪を犯す可能性はあります。

さらに、このような政策が偏見や差別を助長する可能性もあります。特定の人種、社会的地位、または他の属性に基づいて、誤った判断が下されることがあります。

正義を追求する上で、社会全体の安全と個人の権利のバランスを考慮する必要があります。個人の自由とプライバシーを尊重しつつ、犯罪を予防し、再犯を防ぐ方法を模索することが重要です。

この問題に対する解決策は、倫理的な議論や社会的な合意のもとで慎重に検討される必要があるといえるでしょう。

思考実験９「トロッコ問題」

コントロールの利かない暴走トロッコが猛スピードで走っています。

もちろん、自分でブレーキをかけて止めることはできません。

暴走トロッコの線路はＹ字に分かれていて、一方の線路には５人の列車を見に来た観光客がいます。

線路の切り替えスイッチはあなたの目の前にあります。現状ではトロッコは５人の観光客がいる線路へ入ってしまいます。そのまま放置すると、５人はトロッコにひき殺されてしまいます。

かといって、もう一方の線路にスイッチを切り替えると、そこには観光客が１人いて、１人が犠牲になってしまいます。

この状況にあなたがいるとしたら、あなたは５人を助けるためにポイントを切り替えますか、もしくはそのままにしておきますか？

【解説】

これは、有名な思考実験「トロッコ問題」です。哲学者のフィリッパ・ルース・フットが考えた思考実験です。

この思考実験からは、さまざまな問題が考えられると思います。

1人を犠牲にしても5人を助けるべきだという功利主義（最大多数の最大幸福を目指すという考え）に基づいた回答、または、人の命は数の総和では考えることができないから、そのままにして5人を殺してしまうという回答など、さまざまな回答が考えられるでしょう。

もちろんこの思考実験に正解はありませんが、「トロッコ問題」では、ポイントを切り替えて、1人を犠牲にして5人を助けると選択する人がほとんどでした。では、次の問題ではどうでしょう。「トロッコ問題」と似た問題ですが、もしかしたらあなたの答えが変わるかもしれません。

思考実験10 「歩道橋のジレンマ」

あなたは、トロッコの線路の上に架けられた歩道橋の上で、見知らぬ太った男性の後ろに立っています。どうやらその男性は、暴走しているトロッコ列車を見たくて、歩道橋の上から線路をのぞき込んでいるようです。そのままあなたが何もしないと、暴走トロッコは5人の観光客をひき殺してしまいます。

ブレーキが壊れている暴走トロッコを止めるためには、目の前にいる、歩道橋から乗り出している男性を線路へ突き落とすしかありません。

男性を突き落とすと残念なことに暴走トロッコにはねられて即死してしまうことになりますが、男性は体が大きいので、トロッコは確実に止まりそうです。そのおかげで5人は助かります。

そこで、問題です。あなたは、見知らぬ男を突き落として、5人を助けますか？　それとも、暴走トロッコをそのままにして5人を見殺しにしてしまいますか？

【解説】

これは「トロッコ問題」をアレンジした「歩道橋のジレンマ」という思考実験です。

もちろん、この思考実験にも正解はありません。思考実験は良い悪いを判断するのではなく、特定の条件で実験した結果、仮説や結論を導き出すためのものだからです。

しかし、「トロッコ問題」と「歩道橋のジレンマ」については、人によって、答え方が異なる面白い違いが明らかになりました。

「トロッコ問題」では、ほとんどの人がスイッチを切り替えて、1人を犠牲にして5人を助けるとしたのに対して、「歩道橋のジレンマ」では、多くの人が目の前にいる太った男性を橋の上から突き落とすことはできないと答えました。

似たような設定の思考実験なのに、なぜ答えが変わってくるのでしょうか？

このことを神経科学的に解明したのが、ハーバード大学の心理学者、ジョシュア・グリーン博士です。

「トロッコ問題」と「歩道橋のジレンマ」での違いの理由は、そもそも脳で考えている場所が異なるということがわかっています。

「トロッコ問題」では、脳の冷静に判断する部分が反応していたのに対し、「歩道橋のジレンマ」では、脳の情動的な部分が反応していました。つまり、自分の目の前にいる太っている男に対して、多くの人が感情移入をしやすいということがわかったのです。

「トロッコ問題」は、政治哲学者のマイケル・サンデルの授業「ハーバード白熱教室」で、事例として紹介されて注目を集めました。

思考実験を学生に投げかけ、持論を展開するというスタイルをサンデルは取っていました。思考実験は多くの人と議論を深めることにも活用することができるのです。

思考実験11 「地下室の赤ん坊」

現在は戦争中です。

指揮官であるあなたは、市民を守りながら、市街地の地下通路に隠れています。
地下通路には30人ほどの市民があなたと一緒にいますが、その中の誰かの赤ちゃんが急に泣き出してしまいました。この鳴き声を聞きつけて、敵軍の兵士が、あなたたちの隠れ家に突撃してくるかもしれません。

そこで、あなたは、選択を迫られることになります。

泣いている赤ちゃんをそのままにするのか。それとも、赤ちゃんを殺害するのか。
あなたなら一体、どうするでしょうか？

【解説】

泣いている赤ん坊を殺すことができるのか？　こうした倫理問題を扱うような思考実験はたくさんあります。生命と倫理を扱う思考実験です。

こちらの思考実験も正解はありません。人間の幸福の最大化に価値を置く、功利主義的な考え方もあります。人には守るべき義務があり、それぞれに生きる権利があるので人を殺してはいけないという哲学者のイマヌエル・カントが見いだした考え方もあります。

仮に泣いたのが赤ちゃんではなく、20歳ぐらいの大人だったら、どういう選択肢が考えられるか、など設定を変えてもさまざまな議論ができると思います。

ちなみに、マイケル・サンデルの講義でも似たような思考実験があります。「ミニョネット号事件」です。これは、イギリスのヨットが漂流して、４人の乗組員がのどの渇きや食べ物に飢えていたときに、我慢できずに海の水を飲んで虚脱状態に陥ったスタッフを船長が殺して、彼の血液で喉の渇きをいやし、その死体を食料としたという実際の話が使われました。衝撃的な話ですが、船長の判断は正しかったのかどうか、考えさせられる話です。

思考実験12「デーモン仮説」

ある日、友達と一緒に遊んでいると、突然、「この友達を階段から突き落としたらどうなってしまうのだろうか」「世界がこの友達と2人きりになってしまったらどうなってしまうのだろうか」など、変なことを思いついてしまいました。

このように、「今日の発言や行動、なんとなく自分らしくないな……」と思った経験はもしかしたらあなたにもあるかもしれません。

もし、その原因が自分の頭の中にいる悪魔に支配されているからだとしたら……？　あなたはどう考えますか？

邪悪な悪魔があなたの考えを歪(ゆが)めているとしたら、あなたはどうやって自分の本心を見い出すことができますか？

【解説】

「今、あなたが考えていることや、やろうとしていることは自分自身で考えたことではなくて、悪魔が考えたことだったとしたら？」というのが「デーモン仮説」です。

こういうと、多くの人は「そんな悪魔なんていない」と否定するかもしれません。

しかし、その考え自体も、悪魔がそう思わせているとしたら？

そう、私たちは私たちの考えや行動をコントロールしている悪魔的な存在を否定することができないのです。

そういうと、ちょっと頭のいい人は、そんな超自然的な存在は、存在する可能性自体が低いので、気にすることはない、と考えるかもしれません。

しかし、その可能性は無視できるという考えはどうやって導き出したのでしょう？

実際は悪魔が存在する可能性は、もっと高いかもしれません。そもそも、そうやって思っている考えですら、悪魔が思わせているかもしれないのです。

これはデカルトの考えた「デーモン仮説」という思考実験です。彼は私たちが見ている現実世界は、悪魔が私たちを欺（あざむ）いてつくったと考えられる余地があると思考実験で想定しました。当たり前のことですが、私たちの「意識」そのものだけを取り出して、観察や実験をすることは不可能です。

思考実験であれば、頭の中にその観察しようとしている対象を思い浮かべればいいだけですから、現実的に不可能な観察や実験でもできてしまうのです。

私たちは何か出来事が起きると、その物事の因果関係を考えたりします。

しかし、デカルトの「デーモン仮説」の思考実験では、たとえば私たちが「急に黒い雲が出てきたから雨が降るはずだ」と考えるその因果関係で物事をとらえること自体、もしかしたら、悪魔が見せている幻想かもしれない、ということなのです。

つまり、本当の雲が厚くなってきて、雨が降るという因果関係は成立していないかもしれないのです。

デカルトは、こうした思考実験によって理性とは何かということを徹底的に考えた人です。ちょっとしたＳＦ小説のような極端な状況を思考実験でつくり出し、今、こうやって思考している自分とはどういう存在なのかということを、実験をしました。

デカルトの名言である「われ思う、ゆえにわれあり」というのは、いろいろ考えたけれども、こうして考えられる自分の存在を肯定することができる。だから、「われ思う、ゆえにわれあり」ということは正しいのだと考えたのです。

つまり、自分を含めたすべての世界が疑わしいものであっても、自分を疑わしい存在だと考えている自分の存在を否定することはできないと考え、自分の意識から哲学を始めようと考えたのがデカルトなのです。

思考実験13 「特効薬の配分」

あなたは、ある国のリーダーです。

世界では新種のウイルスが急速に広がり、猛威(もうい)を奮っています。

幸い、自国の医療について投資をしていたおかげで、研究開発が進み、ウイルスに対応できる特効薬をつくることができました。

しかし、生産量が限られているので、すべての人に同時に特効薬を渡すことはできません。そこで、専門家に意見を出してもらったところ、2つの案が出てきました。

1つは、くじに当たった人に特効薬を渡すというものです。

公平なくじをつくって、当たった人に特効薬を配ります。残念ながらくじに外れてしまった人は、死んでしまう可能性が高くなりますが、特効薬を配る平等さは保たれます。

なお、くじは完璧な公正がなされているので、一切の不正は存在しません。

もう1つは、より多くの人を助けられる人を優先に特効薬を配るというものです。

たとえば、警察、消防、医療従事者、物資の輸送を担っている人、食糧生産などの社会機能の維持を担っている人に優先的に配るというものです。

平等さには欠けますが、それによって、より多くの人を助けられる可能性があります。

さて、あなたがリーダーならどちらを選択しますか？

【解説】

2020年、新型コロナウイルス感染症のパンデミックが起きました。この驚異的なウイルスに対処するために、急ピッチで研究が進められ、新型コロナウイルスのワクチンが開発されました。

しかし、製造されたワクチンの生産数が当初、限られていたため、どのような順番で誰にワクチンを接種するかが大きな問題になりました。こうした回答しづらい倫理的な問題も、思考実験で考えることができます。

この思考実験には正解はありません。このような思考実験では、選択肢の設定がとても重要になってきます。問題では、2つの選択肢を用意しました。前者が平等に焦点を当てたもので、後者が功利主義的な考え方で選択肢を考えたものです。

平等に焦点を当てたものでは、選択肢で示した「抽選」以外にも、「ライフサイクル原則」というものがあります。

「ライフサイクル原則」とは、生きる機会を平等とするという考え方で、たとえば、高齢者と若い人を比べたときに高齢者はこれまでにさまざまな機会を享受してきたのだから、若い人にそのチャンスを与えようという考え方です。

しかし、何をもって機会なのか、本当に機会を享受できていたのかなどは、議論の余地があるでしょう。

最大多数の最大幸福を目指す功利主義の考え方では、「最大救命原則」と「社会秩序原則」が考えられます。最大救命原則は、その名の通り、もっとも多くの人々を救うことを考えて、資源を配分するという考え方です。災害医療などで、傷病者と重症度と緊急度で優先順位を分けるトリアージにも活用されている考え方です。

社会秩序原則は、社会秩序を守る人に優先的に資源を配るという考え方です。

こうした倫理的な問題には、正解はありませんが、災害が起きたり、新しい技術が開発されたりすると、必ずこうした問題に取り組まなければならない事態が出てきます。

そうしたときに普段から思考実験を行っておくと、さまざまな選択肢を考えることができるのです。

思考実験14 「スワンプマン」

ジョンという人物がジャングルに迷い込みました。

持っていた食料や水も2日ほどで尽きてしまい、いつ倒れてもおかしくないくらいフラフラな状態です。そんな状況の中、天候も悪くなってきて、ジョンは不運にも雷に打たれて沼地の近くで死んでしまいました。しかし、偶然にも、この雷は近くの沼に化学反応を引き起こし、死んだジョンと全く同一の同質形状の生成物を生み出してしまいました。簡単に言うと、沼地からジョンとそっくりな人物が現れたのです。

この沼地から出てきたジョンとそっくりな人物はなんとジョンの過去の記憶を持っていたのです。このジョンとそっくりな人物はスワンプマン（沼男）と名づけられました。

この見た目も記憶もジョンと同じスワンプマンは本物のジョンと同じ人間だと思いますか？

【解説】

スワンプマンの思考実験は、哲学者デレク・パーフィットによって考えられたものです。この思考実験はアイデンティティに関する興味深い問題です。

この実験では、スワンプマンはジョンと同じ外見や記憶を持っていますが、彼の身体は泥からつくられています。

ここで問題になっているのは、スワンプマンがジョンと同じ人物であるかどうかです。多くの人は、スワンプマンが本物のジョンと同じ人物ではないと考えます。なぜなら、彼らは異なる身体的起源を持っているからです。

この実験は、身体的特徴や記憶だけでなく、個人のアイデンティティや意識の形成に他の要素も重要であることを示唆（しさ）しています。

身体的特徴や記憶だけではなく、他の要素もアイデンティティや意識に影響を与えることがわかる実験です。

思考実験15「便器のクモ」

あなたはトイレに入りました。便器の中に小さなクモがいるのを見つけました。

そのクモは便器の中の水に浮かんでおり、便器の壁を登ろうとしていますがなかなか登ることができません。あなたはそのクモを観察し、そのクモがどのように感じ、行動しているのかを考えました。

あなたは何だかそのクモが便器にいるのが可哀想に思えて、そのクモを便器の外に出してあげました。しかし、翌日、あなたはトイレでそのクモの息が絶えているのを発見しました。

あなたがクモにした行動は本当に正しかったのでしょうか？

【解説】

この思考実験はアメリカの哲学者トマス・ネーゲルが考えたものです。人生の意味と幸せの尺度について考えさえる問題です。

「便器のクモ」は、人間の経験と動物の経験との間に存在する隔たりを強調し、他の存在の視点や経験を完全に理解することの難しさを表してします。

人間が便器の中のクモを見て、そのクモがどのように感じ、動いているかを理解しようとしても、その理解は限界があります。なぜなら、私たちの経験や知覚が、クモが持つ経験や知覚とは異なるからです。

クモは、私たちとは異なる感覚器を持ち、異なる環境で行動しています。そのため、私たちがクモの経験を理解することは難しいです。私たちが、便器の中のクモがどのように感じ、行動しているのかを完全に理解することはできないのです。

クモにとって便器の中と外の世界どちらが幸せだったのかは、人間には理解ができないのです。

思考実験16 「水槽の脳」

あなたは、悪の科学者によってある手術を受けさせられました。

あなたの脳は身体から取り出され、脳を生かしておくための培養液(ばいようえき)が入った水槽(すいそう)に入れられています。

そして、脳の神経細胞に直接電極が取りつけられ、つなげられた線の末端は最新のコンピューターにつながっています。

コンピューターは、脳の持ち主であるあなたが、日常生活を普通に行っている幻を見せてくれます。

あなたが見たり、話したりする人々も、あなたが電車に乗ったり、会社に通勤している日常も、大空や海に至るまで実際に存在しているように思わせてくれるのです。

しかし、事実は大きく異なります。あなたの経験していることはすべて、コンピューターから、神経末端に伝わる電子工学的な刺激の結果なのです。

そのコンピューターは非常に賢く、あなたが動いた通りに、実感することができるのです。さらに、ちょっとプログラムを変えるだけで、あなたの思い通りに、どんな状況も環境も幻という形で経験させることができるのです。

あなたは人生がコンピューターによる幻ではなく、本当に現実のことだと証明することができますか？

【解説】

この思考実験をやってみて、ある映画を思い出した人もいるかもしれません。そうです。キアヌ・リーブス主演の映画『マトリックス』のモチーフになっているのが、この思考実験なのです。

映画では、キアヌ・リーブス扮するネオが、「自分は水槽の脳の状態になっているのではないか?」と疑うところから始まります。

そして、思考実験とは違って、仮想現実で生きるか、それとも現実世界で生きるかという選択肢を与えられ、主人公は現実世界を生きる選択をして、さらに話は発展していきます。なんとも奇妙なストーリーでありながら大ヒットした映画でもあるのは、それが私たちの思考の現実的な面を見せているからなのです。

「自分の意識は本当に本物なのか?」「私は現実に存在するのか?」ということを考えても、結局は答えは出せません。意識の本質やその存在に関する問いは、いまだ解決していない複雑な問題であり、哲学や科学の研究の対象となっています。

思考実験17 「経験機械」

あなたの目の前に、あなたが望むどんなことでも即座に経験できる機械があります。

超大金持ちになることができますし、豪邸に住むことも可能です。

毎日のように海外旅行をすることもできるし、何でも食べることもできます。異性にもモテるし、好きな俳優と結婚することもできます。あなたが望んだことは何でも経験することができます。

ただし、その機械であなたの望んだ経験をするためには、1つ条件があります。

その条件とは、一生身体を拘束されるということです。脳には電極がつけられて、身体は水槽の中で保存されることになります。

しかし、自分が望む経験を体験している間は、自分が水槽の中で閉じ込められているということはわからずに、すべてが現実に起きていることだと感じることができます。

あなたは、この機械に一生つながれたままの人生を選びますか？

【解説】

これは、ロバート・ノージックという哲学者が考えた思考実験です。あなたの生きがいとは何か、が問われる実験です。

この思考実験は、あなたが人生の中で得られることで、一体何を大事にしているのかがわかる思考実験です。私たちが、何かを体験するときには、その体験に具体的な現実が対応しています。

たとえば、大金持ちになるという成功体験には、現実的にお金持ちになっているという現実が対応しているのです。あなたが、自分の人生の価値は成功体験だけでいい、というのであれば、「経験機械」につながれたまま一生を終えることを選ぶでしょう。

しかし、あなたが考える人生の価値は、成功体験だけではなく、現実的な成功だというのであれば、経験機械につながれるのではなく、現実の世界を生きようとするでしょう。

ただし、現実の世界では成功することもあれば、失敗することもあります。あなたが望むような思い通りの経験はできないかもしれません。大失敗をして不快な経験をし続けることになるかもしれないのです。

それでも、あなたは、現実を選びますか？

では、もう一度、改めて質問をします。あなたは経験かそれとも現実か、どちらに価値を置いているのでしょうか？

実際には「経験」と「現実」は切り離すことはできません。しかし、経験機械の思考実験のように頭の中で設定をすることによって、経験と現実を切り離して、実験や観察をすることができるのです。

思考実験18「囚人のジレンマ」

あなたと友人がある事件で逮捕されました。

あなたと友人は共犯者だと警察から疑われています。２人は別々の部屋で取調べを受けることになりました。警察が取調べで２人に示した条件は次の通りです。

①２人とも黙秘をすれば懲役２年ずつである（微罪で罰する）。
②２人とも自白すれば、懲役５年ずつである（罪が確定）。
③１人が自白し、１人が黙秘すれば、自白した者は釈放、黙秘した者は懲役10年。

この場合、２人とも「黙秘」を選ぶと、２人の刑期は2年ずつで片方が自白するよりも罪が軽くなります。しかし、相手が黙秘を選ぶとは限りません。果たしてあなたと友人はどれを選ぶでしょうか？

【解説】

この思考実験は数学者のアルバート・タッカーが考えたものです。

「囚人のジレンマ」は、協力が最善の戦略であるにもかかわらず、プレイヤーは自己利益を追求する傾向があるため、両者が協力しないというジレンマが起こります。

この思考実験は、社会科学や経済学などのさまざまな分野で、実際の人間の行動や社会の現象を説明するために使用されています。

「囚人のジレンマ」から抜け出すには信頼関係を築くことが重要です。いかに相手のことを信用するかが「囚人のジレンマ」には必要です。

また、他人の幸せを考えられるような利他的な考え方も必要になってきます。

思考実験19「功利の怪物」

あなたは中学生です。

あなたのクラスでは、毎週のテストが行われ、そのテストの結果で成績がつけられます。クラスの大半の生徒が勉強して高い点数を取り、成績が良い状態です。しかし、一部の生徒は勉強をせずに低い点数を取り、成績が悪い状態です。

ある日、先生がクラス全員に宿題を出し、それを提出しないと成績に影響が出ることを告げました。勉強している生徒たちは宿題を提出し、成績を良くすることができます。しかし、勉強していない生徒たちには問題が難しく宿題を提出できず、成績がますます悪化してしまいます。

この宿題はクラス全体にとっては良いことなのでしょうか？

【解説】

この問題は、功利主義が関わってきます。「功利の怪物」とは、哲学者ジェレミー・ベンサムが考えたものです。

功利主義とは、人生の目的は利益や幸福を追求することにあるとする考え方で、功利主義では、最大の幸福をもたらす行動が正しいとされます。

この場合、宿題を提出することで勉強している生徒たちの成績が良くなり、幸福度が向上します。しかし、勉強していない生徒たちは成績が悪くなり、幸福度が低下します。

功利主義が正しく適用されると、勉強していない生徒たちの幸福度を犠牲にしてでも、成績が良くなることが求められます。つまり、少数派の利益や幸福度が犠牲になることがあります。これが「功利の怪物」の考え方です。

つまり、功利主義は多数の人々の幸福を重視しますが、その実行には少数派や個人の利益が犠牲になる可能性があるということです。

功利主義は、行動や政策の価値を、その結果がもたらす幸福や快楽の量に基づいて判断する倫理的理論です。

ベンサムは、この理論を発展させ、幸福の量を測定し、最大限の幸福をもたらす行動を追求すべきだと主張しました。

思考実験20　「砂山はどこまで砂山か？」

あなたは、夏休みに海に行きました。
砂浜には大きな砂山が置かれていました。
砂山から1粒、砂を取ったら、どうなるでしょうか？

【解説】

あなたは、恐らく「砂山のまま」と答えると思います。しかし、この砂山から砂を取り除く作業をずっと繰り返したらどうなりますか？

ついには、砂山は砂1粒になってしまうかもしれません。それは砂山といえるのでしょうか？

これは砂山のパラドックス、またはソリテスのパラドックスともいわれています。ソリテスは、ギリシャ語で積み重ねるという意味のソロスが語源になっています。このパラドックスは、言葉の曖昧（あいまい）さによって、生み出されてしまうパラドックスなのです。

砂山は何粒か定義されていません。そのような曖昧な概念に対して、論理を適用すると変な結論が導き出されてしまうのです。新しい商品をつくるときの会社の会議も、この砂山のパラドックスと同じようなことが起きていると考えられます。

「新規性を大事にした商品を考えろ！」

「売れる商品をつくれ！」
「人気が出るサービスを提供しろ！」

こうした号令が上司から伝わっていても、何から始めればいいのかわからなくて、迷ってしまう人も多いでしょう。そのとき、砂山のパラドックスのような問題があることが多いのです。

こうした問題を避けるためには、新規性とはどのような方向の新規性を考えるのか、また、何を表すのか、売れるとはどれくらい売れることなのか、などを決めておくことが必要です。

概念が曖昧なことが原因で生み出されるパラドックスなのです。

この「砂山のパラドックス」と同じように、定義している概念が曖昧で、結論が奇妙になってしまうパラドックスはいくつもあります。

思考実験21 「ギュゲスの指輪」

ある王国の羊飼いだったギュゲスは洞窟(どうくつ)で1つの指輪を手に入れました。

この指輪を身につけると、身体がたちまち透明になり、他の人から姿が見えなくなってしまいました。ギュゲスは、この指輪をつければ、他人に見つかることなく、自分の望むことができると考えました。

そこでギュゲスはその指輪を使って、いろいろな人の秘密を握って、どんどん出世していきました。最終的にギュゲスはその王国の王様になり、国を支配しました。

もし、あなたが他人に見つかることなく、自分の望むことができる力を持ったら、あなたはその力を使いますか?

【解説】

ギュゲスの指輪は、古代ギリシャの哲学者プラトンが『国家』という著作の中で紹介した伝説です。この「ギュゲスの指輪」は正義について考えさせられる思考実験です。

たとえば、自分の行動が他人に見えないという状況で、誘惑に負けて不誠実な行動を取った結果、信頼を失ったり、他人に対する責任を果たさなくなる可能性があります。また、指輪の力を使って他人を支配することは、正義や倫理の問題を引き起こす可能性があります。他人を操ることで得られる利益が、自分や他人にとって正しいことであるかどうかを考える必要もあります。

つまり、指輪の力を使うことは、自由や便利さが得られる一方で、孤独や責任、そして倫理的なジレンマを引き起こす可能性があるということです。

プラトンは、人は正しい行動をすることで幸せになり、不正な行動をすると幸せにはなれないということを伝えたかったのかもしれません。

思考実験22「洞窟の比喩」

生まれたときから手足が縛られて、身動きが取れない状態で、暗い洞窟に閉じ込められて生活をしている人々がいました。

その洞窟に閉じ込められている人々はみんな洞窟の奥の壁を見ながら生活をしています。その壁には、洞窟の入り口から入る光で壁に影が映ります。洞窟の中に閉じ込められている人々にとってはその影が世界のすべてです。

ある1人の男が、鋭利な石で縛られている紐を切り洞窟を抜け出し、外の世界を発見しました。外の世界で太陽の光を浴び、本物の物体や景色を見て、そのことを洞窟の中の人々に外の世界の真実を伝えました。

しかし、洞窟の中の人々は男の言葉を信じず、その男のことを笑いものにしました。なぜ、洞窟の中の人々は男の言葉を信じられなかったのでしょうか？

【解説】

「洞窟の比喩(ひゆ)」は、古代ギリシャの哲学者プラトンが『国家』という著作の中で紹介した思考実験です。この「洞窟の比喩」は真実について考えさせられる思考実験です。

私たちは自分の経験や見解にしばしばとらわれてしまうことがあります。
しかし、新しい考えや経験を通じて、真実を見つけることができるかもしれません。
そして、大事なのは、自分の思考や信念を疑問に思い、常に新しいことを学ぶということを「洞窟の比喩」では教えてくれています。

洞窟の住人は影だけを見て育ち、それが現実だと信じ込んでいます。

この状況は、人々が自分の認識の限界を理解し、それらを超える努力をする必要があることを示唆しています。私たちの認識や理解は、しばしば経験や情報に制約されていて、真実を完全に理解するためには、その制約を認識し、超える必要があります。

「洞窟の比喩」は私たちが既存の信念や常識に疑問を持ち、自ら考え、探求することの重要性を示してくれる思考実験だと思います。

思考実験23 「メアリーの部屋」

メアリーは、生まれてからずっと完全に白黒の部屋で育ちました。色のない部屋です。

そのため、メアリーは、外の世界のことや、色のこと、太陽や光についても何も知りません。メアリーはその白黒の部屋で、外の世界のこと、色や光など、あらゆる情報を本や映像で学びました。メアリーはその部屋でありとあらゆる知識を身につけることができました。

ある日、メアリーは部屋から出て外の世界を初めて見ることができました。その瞬間、メアリーは新たに何かを感じることがあるのでしょうか？ それとも、勉強をしてすでに知っていることなので何も感じることはないのでしょうか？

解説

「メアリーの部屋」という思考実験は、哲学者フランク・ジャクソンによって考えられました。この思考実験では、経験が知識に与える影響を教えてくれます。

メアリーが色や光についての知識を持っていても、知っていることと実際に経験することとは異なります。経験は抽象的な知識を補完し、深めることができます。

このことから、身体的な経験の重要性を示しています。知識を得るためには、単に情報を学ぶだけでなく、それを実際の経験として体験することが重要です。

本や映像で得た知識は、他人の経験が元になっています。その個人の視点や背景によって感じ方が異なることがあり、経験してみないとわかりません。

この思考実験では、私たちが自分の知識の限界をきちんと認識し、自分で経験することの重要性を教えてくれていると思います。

Column

報酬を得るために期待した結論を出してしまう

人間には、決められた結論にたどり着きたいという考えがあります。

オックスフォード大学の行動経済学者である、ガイ・メイラズ博士は、この動機づけられた推論についての実験を行っています。

まず、実験協力者を2つのグループに分けます。1つは農家のグループです。もう1つは、パン屋のグループです。

そして、時間とともに価格が上昇したり、下降したりするグラフを見せます。そのグラフは、過去の株式相場の価格の変化です。しかし、実験協力者には、最近の小麦価格の変動がグラフに表れていると紹介しました。

農家のグループは小麦の価格が上昇したら利益が出ます。このときに追加報酬がもらえると伝えました。パン屋のグループは、小麦の価格が下がれば儲かるので、その場合に追加報酬が出ると伝えました。

実験協力者には2つの報酬を得る方法があります。1つは、正確に先読みして得られた場合の対価、もう1つは、自分に都合よく小麦価格が変動したときの対価です。

すると、追加の報酬を得たいと思った農家のグループは小麦の価格が上がることを予測しました。一方、パン屋のグループは価格が下がることを予測したのです。このように結果ありきで、推論をしてしまうクセが私たちにはあります。

特に報酬が得られると考えると、どうしても勇み足になってしまうのです。

こうした先入観に惑わされないためにも、論理的思考法を身につけておく必要があるのです。

第2章

考えることが楽しくなる思考実験

思考実験24　「自動運転車AIの判断」

近年は人工知能（AI）の技術が目覚ましい発展を遂げています。AIの技術は自動車の自動運転技術にも応用され、条件つきの自動運転はすでに実現しています。

一方、将来、完全に自動運転が可能になったとき、さまざまな倫理的問題が出てくる可能性があることがわかりました。

たとえば、あなたは、自動運転で街中を走っています。ところが、車の目の前に不意に3人の若者のグループが飛び出してきました。左側は壁が迫っており、この速度でぶつかれば、乗っている自分が死んでしまうだけでなく、3人も避けられるかわかりません。ここで右にハンドルを切れば、3人を避けることはできます。しかし運の悪いことに、3人を避けようとして右にハンドルを切ると、別の1人の歩行者をはねてしまうことがわかりました。

さて、自動運転を担っているAIはどのように判断を下せばよいのでしょうか？

【解説】

事故を回避する機能をＡＩにプログラムするときに、どのようなプログラムをすればいいのかという思考実験です。

より多くの人を幸福にする考えである功利主義の考えをＡＩに採用するのであれば、３人を助けるために、１人を犠牲にするという判断をＡＩは下します。

しかし、その犠牲になる１人が妊娠している女性で、双子の赤ちゃんがお腹にいたとしたら？　功利主義では解決できない問題になります。

また交通事故の責任は誰が取ることになるのでしょう？　ＡＩは人間ではありませんが、交通事故の責任を取ることができるのでしょうか？

このように思考実験を重ねることで、自動運転技術には、解決しなければいけない、さまざまな問題が出てくるということがわかるでしょう。

このように思考実験で今後問題になりそうなことが前もって予測をすることができるのです。

思考実験25 「地球にいる弟と宇宙を移動する兄」

地球に双子の兄弟がいます。

兄は地球から6光年離れたある星に出かけることになりました。

一方、弟は地球で仕事があって、兄の帰りを待っていなければなりません。兄が乗っているロケットは、どんな加速も減速も可能な高性能のロケットです。

地球から見ると、兄のロケットは、超高速で地球から遠ざかり、星に向かい、兄が仕事を終えた後、また超高速で地球に近づくことになります。

アインシュタインが発見した相対性理論によれば、「光速で運動するものは時間の進み方が遅くなる」とされています。つまり、兄は弟よりもゆっくりと年を取ることになります。地球で再会したときには、弟は兄よりも多く年を取っているはずです。

では、次に兄の立場に立って、この状況を考えてみましょう。ロケットに乗っている兄から見れば、光速で遠ざかっているのは、弟のいる地球になります。

つまり、弟の時間の進み方が遅くなるために、弟がゆっくりと年を取ることになり、再会するときには、兄のほうが多く歳を取っていることになります。

では、ここで問題です。兄と弟、再会したときに歳を取っているのは、どちらでしょうか？

【解説】

強い重力に近づくと、時間はゆっくりと進む特性があります。

このことから、再会したときに年を取っているのは弟ということになります。その理由は重力にあります。アインシュタインが発見した一般相対性理論によると、大きな質量を持つ恒星（こうせい）の近くなどの重力の強い場所では、時間の進み方が遅くなります。特に光を呑（の）み込んでしまうほど重力の強いブラックホールの近くでは、理論上、時間が止まってしまうということも考えられています。

また、ロケットが加速して、宇宙を進んでいる場合、中の人には慣性力という力が働きます。この力は重力と同じ力だと考えられています。

こうして、重力の強い星のそばを通ったり、ロケットで慣性力が高まったりすると重力が強く働くと考えられます。

そのため、重力の弱いところにいる弟のほうが、ロケットで移動している兄よりも時間の流れが早くなるので、弟が早く年を取るというわけです。

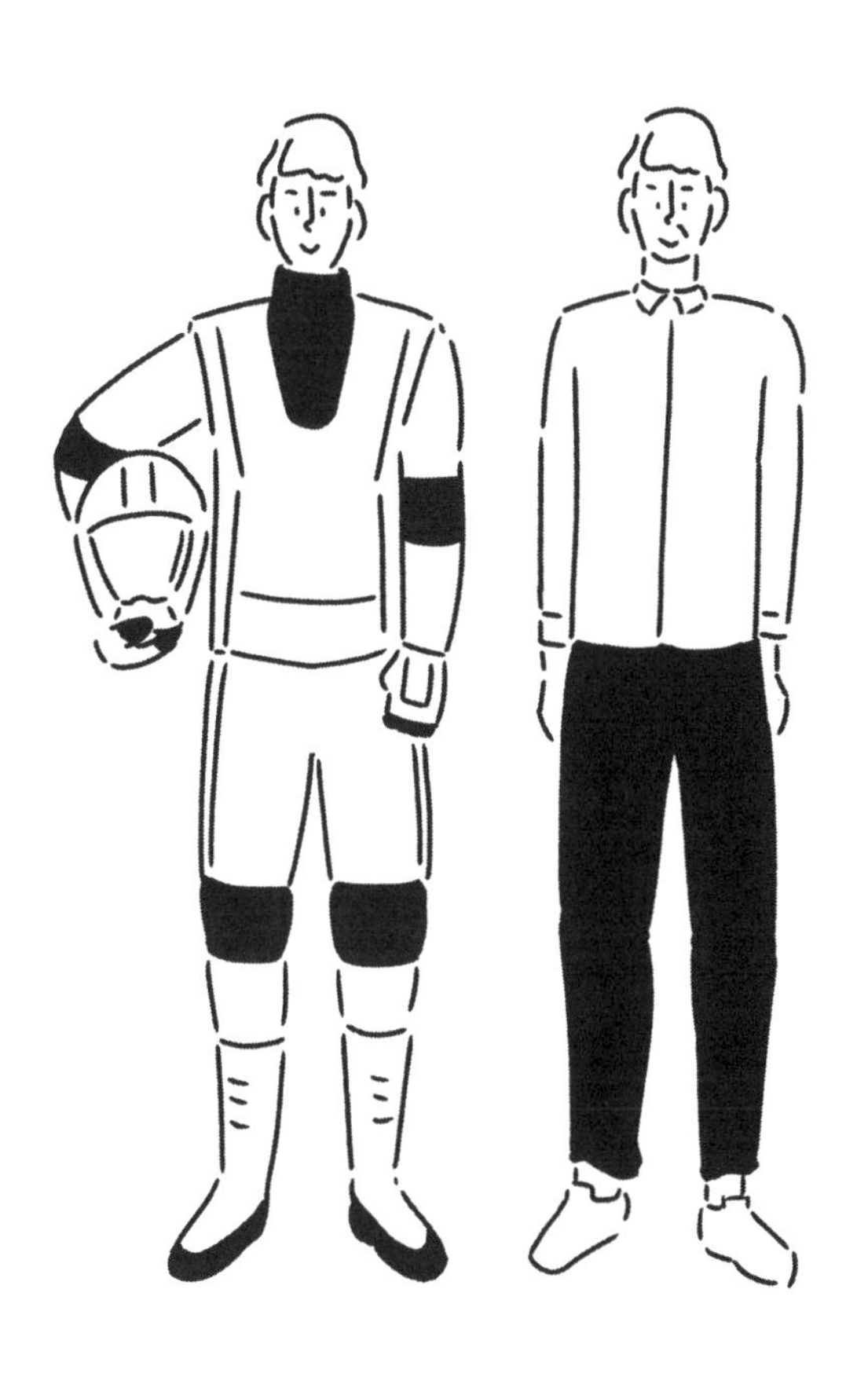

思考実験26 「シュレーディンガーの猫」

放射性物質が崩壊して放射線が出ると、箱の中の装置が反応して、毒ガスが発生するという装置を備えた箱があります。

この箱に生きている猫を閉じ込めて、1時間後に箱の小窓を開けて、猫が死んでいるかどうかを確かめます。

ただし、1時間以内に放射性物質の崩壊が起きるかどうかは確率が2分の1になるように調整されています。

つまり、猫が死んでいるかどうかは、小窓を開けるまでわかりません。一体、猫は死んでいるのでしょうか？　それとも生きているのでしょうか？

【解説】

物理学者のエルヴィン・シュレーディンガーがつくった思考実験「シュレーディンガーの猫」です。

ミクロの世界の原子には、ウランのように時間が経つと、原子核が崩壊して、放射線を出すものがあります。ミクロの現象を解釈する量子論（量子力学）によると、そうした原子は、原子核が崩壊した状態とそうでない状態が共存しています。そして、原子核が崩壊したかどうかは、実際に観測したときにわかるというわけです。

ミクロ世界の現象を生きている猫に適用すると、どのような状態になるでしょう？

答えは、量子論の世界のルールで説明すると、「死んでいる猫と生きている猫が重なり合っている」という状態が考えられます。

放射性物質の崩壊は、ミクロの世界の出来事です。これを説明する量子論（量子力学）の伝統的な解釈である「コペンハーゲン解釈」を適用して、この状態を説明すると、前述のように猫が奇妙な状態になっているというのです。

しかし、ミクロの世界の観測ルールをマクロの世界、しかも生命を持っているものにそのまま単純に適用していいのでしょうか？　実は、シュレーディンガーも同じことを考えていました。箱の中の猫に起きるような現象のルールを他の世界でも無限に適用していいのかどうかをこの思考実験で考えたのです。

近年科学が進歩して、見えない世界の見えないしくみが次々に明らかになっています。量子論を応用した量子コンピューターの世界では、原子や分子の構造を電子の状態やエネルギーから計算する方法が取り入れられています。量子コンピューターの計算によって、未知の物質を解析したり、環境問題を解決する材料を開発することも可能になります。

しかし、そうしたミクロの世界とマクロの世界のつながりは、私たちがいまだに発見していないなんらかのしくみがあるのかもしれません。そうした疑問を持つことも、発想力を鍛える上では必要なことでしょう。

結局、猫の生死が決まるのは、観測者が箱の小窓を開けて、猫の生死を確認したときということになります。

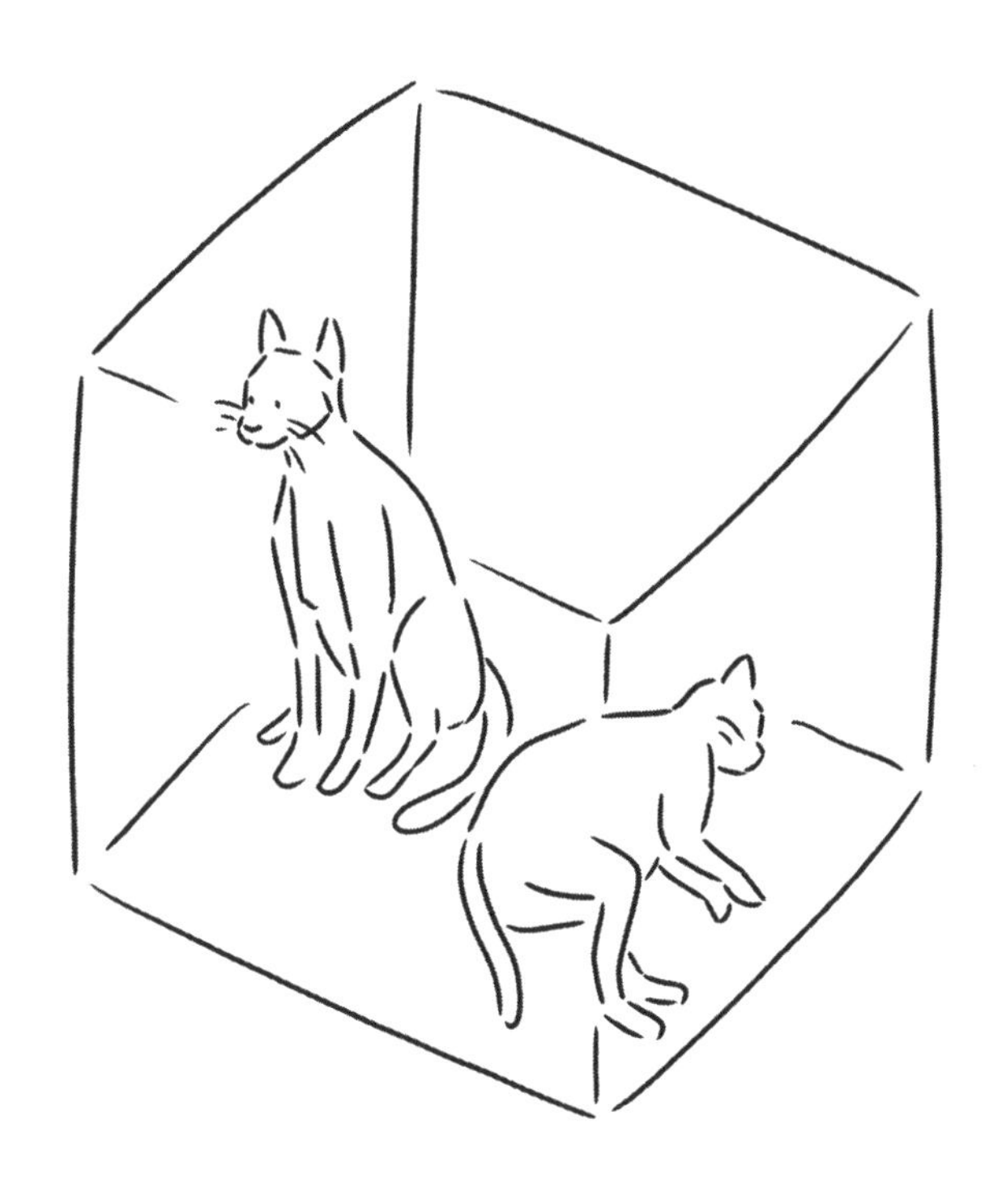

思考実験27 「ウィグナーの友人」

放射性物質が崩壊して放射線が出ると、箱の中の装置が反応して、毒ガスが発生するという装置を備えた箱があります。

この箱に生きている猫を閉じ込めました。この猫を観測するために、あなたの友人が一緒に箱の中に入り、その箱の中で猫を観察することにしました。

その箱は完全に密閉されており、外部から中の観測はできません。

あなたはその友人から猫の生死の報告を受けることになっています。あなたは別室で待つことにしました。さて、この猫の生死はいつわかるのでしょうか？

【解説】

これまで紹介してきたように、量子論の伝統的な解釈を適用すると、猫の生死がわかるのは、観測者によって猫の生死が確定するときのはずです。

しかしあなたは、観測をしている友人から報告があるまでは猫の生死はわかりません。連絡を待っているあなたにとっては、友人からの報告を聞いたときが猫の生死が確定するときになります。

実は、あなたも観測者なのです。あなたがいる部屋自体、大きな「シュレーディンガーの猫」の箱なのです。

これが「観測者が観測される」という現象で、物理学者のユージン・ウィグナーが考えた思考実験です。

シュレーディンガーの猫やウィグナーの友人の思考実験は、量子論において、物質の状態が確定する観測についての問題を浮き彫りにしたといわれています。

思考実験28 「ライオンの問い」

あなたは家族でアフリカに旅行に来ています。

車でサバンナを移動し、ライオンやシマウマ、ゾウなどを見て楽しんでいました。帰路につこうと車を飛ばしていたところ、急に車が故障してしまい、止まってしまいました。なんと、止まったところはライオンの群れの中心だったのです。あなたとあなたの家族をライオンが狙っています。その中心に、とても大きなライオンが、あなたの目の前にやってきました。そして、あなたにこう語ったのです。

「俺はこの群れのリーダーだ。俺がこれから何をするか予想することができたら、お前たちを逃してやろう。しかし、予想ができなかったら、俺たちの餌（えさ）になってもらおう」

あなたとあなたの家族は、なんて答えれば、ライオンの群れに食べられずにすむのでしょうか？

【解説】

答えは、「お前は、私たちを食べるだろう」です。

答えを聞いたライオンが、あなたを食べようとしても、それはあなたの予想通りになってしまうので、ライオンはあなた方を逃さなければなりません。

逃さなければならないと気づいたライオンが、あなたの予想を裏切るために、「お前を逃してやろう」と言うとします。

すると、あなたの予想が外れ、あなた方はライオンに食べられることになりますが、あなたが自分たちは食べられると予想しているので、ライオンは結局、あなた方を食べることができなくなってしまうのです。

こうして、ライオンは「食べよう」と言えば逃さなければならなくなり、「逃がそう」と言ってしまえばあなたの予想通りになってしまいどちらにしても食べられなくなってしまうのです。

「ライオンの問い」のような問題は、自己言及のパラドックスと言います。

思考実験29　「ヘンペルのカラス」

夏休みの自由研究で学校の周りにいるカラスの数を調査することになりました。

あなたが調査したカラスはすべてて黒色をしていました。だから、あなたは「すべてのカラスは黒色」と自由研究の発表をしました。

すると、あなたの友人は、「では、黒色でないものはカラスではないの？」と聞いてきました。どちらの主張が正しいのでしょうか？

【解説】

それでは、「ヘンペルのカラス」を考えるために、次の思考実験をしてみましょう。

仮に私たちがいるこの世界の大半が、「黒いもの」や「カラス」で構成されていると仮定します。そして、「黄色いバナナ」や「赤いリンゴ」など、「黒いもの」や「カラスでない」ものの割合が、極端に少ない世界があるとしましょう。そうすれば、すべての黒くないものはカラスではない」と当たり前に感じると思います。

この思考実験を考えたのは、哲学者のカール・ヘンペルです。私たちは、「黒くないもの」「カラスでない」もののほうが多い世界にいるため、特定の場所を調べただけでは、すべてのカラスが黒だと証明できません。

しかし、「黒いもの」や「カラスが多い」世界に住んでいれば、すべてのカラスは黒いという証明は当然のように感じられるのです。

ある仮説を証明するためには、その仮説を証明する証拠を挙げていくことがもっとも手っ取り早いやり方です。

たとえば、「すべてのカラスは黒い」という仮説を確かめるには、すべてのカラスを1羽ずつ調べて、黒いかどうか確かめるということです。

より多くの証拠が集まれば、集まるほど「すべてのカラスは黒い」という確証度は上がっていきます。これを確証の原理といいます。

しかし、1羽でも「黒くないカラス」がいると、仮説は正しくないということになります。ちなみに、遺伝的に変異した白いカラスは存在するので、「すべてのカラスは黒い」という仮説は覆されることになります。

思考実験30　「ギャバガイ」

２０XX年、宇宙開発が進められて、宇宙旅行が当たり前になりました。

銀河系の探査が進み、銀河系の星々の中には、人類のような知的生命体がいることもわかりました。そうした知的生命体が生活している星の中で、地球人と全く同じ外見で、私たちと同じ社会を持って、共同生活をしているX星が発見されました。

この星の詳細はまだ調査途中ですが、身体のつくりもほぼ同じであることがわかってきたのです。生息している生物も地球そっくりで、牛や豚のような家畜も飼われていることがわかりました。私たち地球人と唯一異なるのは文明の進化度です。

地球人の歴史でいうところの１０００年～１５００年以上、文明が遅れているようでした。生活は基本的に狩猟生活が中心で、農耕文化はさほど発展していないようです。

あなたは、地球人の語学研究家として、公的機関から未開の星に調査に行くことになりました。

あるとき、現地の宇宙人（X星人）が居住している村で、宇宙人と一緒に散歩をしていたときに、目の前をサッと小さな物体が飛び去りました。地球でいう猫らしきもののようです。それを見て宇宙人は、「ギャバガイ！」と叫んだのです。

そこで、あなたは、当然のごとくX星の語訳として「あっ、猫！」、または「ほら、猫だよ」という文章を書き留めました。

ところが、その翻訳が正しいのかどうかは、証明することができません。なぜでしょう？

【解説】

この思考実験に正解はありません。なぜなら、宇宙人と一緒に見たその猫の毛が黄色で、ギャバガイという言葉は、「黄色」を意味しているかもしれないからです。

または、もしかしたら、ギャバガイという言葉は、動物全般を指しているかもしれないのです。さらにいうと、ギャバガイは急に飛び出してきた猫らしきものを指しているのではなく、「危ねえ！」とか「びっくりした！」という意味なのかもしれません。または、その猫らしきものが横切ったことで、「運が悪い」と言ったのかもしれません。このように未知の言葉の状況下では、見えている世界も、見ている対象も違うということがいえるのかもしれません。

これは、分析哲学者のウィラード・ヴァン・オーマン・クワインが考えたものです。

彼は使っている言葉が異なると、見える世界が全く異なるということをこの思考実験で証明しました。

思考実験31 「火星遠隔転送機」

２０XX年、ついに火星への旅行が実現することになりました。しかし、この火星への旅行は、実際に宇宙船で旅をするのではなく、遠隔転送機（えんかくてんそうき）というデータ転送技術によって、実現されることになったのです。

あなたは、会社の命令で、火星に行くことになりました。そして、あなたは、火星転送事業を一手に担っている事業者に転送のための順序を聞くことになりました。

話を聞くと火星に行く手段は、次の３つの手順で進められることがわかりました。

① まず、体の細胞をすべてデータ化します。人体のすべての細胞を巨大なカプセル状の装置で読み込みます。火星にその細胞データを転送します。

② 火星には同じような巨大カプセルが設置されており、そこに旅行をする人の細胞デー

タを転送することで、旅行者の肉体と記憶を復元することができます。火星で復元された旅行者は、見た目も、感覚も考え方も価値観も記憶も、転送される直前の地球にいるときの状態のままで復元されます。

③火星にデータを転送している間に、地球に残された細胞データと元の肉体はその大きなカプセルの中でチリひとつ残さずに消滅させます。こうして、火星へ人体の転送が行われます。

さて、いよいよあなたの番です。カプセルに入り、自分の身体の細胞が一つずつスキャンされていきます。ところが、不運なことに細胞データを転送している途中で転送機に事故が発生してしまいました。火星で自分の体は復元されたのですが、地球には自分の元の体が残ってしまったのです。

さて、ここで問題です。地球に残った体と、火星にいる細胞から記憶まですべて、あなたと同じものを共有している体との違いとは、一体どこにあるのでしょうか？

【解説】

この「火星遠隔転送機」の思考実験は、まさにSF的な内容ですが、あることを証明するために考えられた思考実験なのです。

これは哲学者のデレク・パーフィットが考えた思考実験です。パーフィットはある人と別の人が、違う人なのか、同じ人なのかというのは、程度の問題でしかないと考えていました。そのことを証明するために、この思考実験を考えたのです。

こう考えてみましょう。仮に事故が起こらず、地球にあるあなたの体が破壊されていたら、火星に転送された自分は、地球で転送される前の自分と同一人物であると考えることは難しくはないはずです。ところが、地球に自分の身体が残ってしまい、自分と自分と同じ人間が2人存在していると、急に火星にいる自分が偽物のような感じがしてくるのです。

しかし、それには何の根拠もないというのがパーフィットの考えです。

つまり、同じ人であると証明する基準に、正解はないのではないかということなのです。

思考実験32　「テセウスの船」

古代ギリシャの英雄にテセウスという人がいました。アテネの王の子どもで、クレタ島に住む半身半獣の怪物ミノタウロスを倒したという伝説があります。

テセウスがクレタ島に航海したときに使った船は、ギリシャに持ち帰られ、アテネに保管されていました。ところが、テセウスの乗っていた船は木造のため、意外に腐食が早く、このままでは痛んでボロボロになってしまうことが予想されました。そこで、腐った古い木を取り除いて、代わりに元の木材と同じような材料を使用し、修復しました。

こうして「一部、新しいテセウスの船」が出来上がりました。古い木材は取り外され、丁寧に保管されていました。そこで、問題が発生します。一部の木材を替えていったところ、半分ぐらいの木材を替えないと、古い木材の腐食がさらに進んでしまうことがわかりました。そこで、アテネの人たちは、テセウスの船の改修計画に賛同して、早急に修復作業を進めることにしました。そうして、できたのが「半分新しいテセウスの船」です。半分新しいテセウスの船は、新しい木材と古い木材が混在していて、少し見栄えがよくありません。人々を困らせる怪物を倒した英雄が使った船として、もっと見栄えがいいものにするべきだ、という声がどこからか上がりました。

議論は白熱し、英雄を称えるために、ゼロからすべて、新しい木材で素晴らしいテセウスの船につくり替えようという話にまとまりました。その計画では、テセウスが船で航海したときと、寸分違わない全く同じ材料を使うことになったのです。こうして、「すべて新しい木材のテセウスの船」ができあがりました。

すると、古代ギリシャの哲学者プルタルコスが、このすべて新しい木材に替えられた「テセウスの船」を見て、「この船は、本当にテセウスの船と呼べるのだろうか？」と疑問を投げかけました。

そうしたプルタルコスの話を聞いた人たちが、保管されていた古い木材で「テセウスの船」そっくりに船をつくり上げました。

では、ここで問題です。どれが一体、本当の「テセウスの船」なのでしょうか？

【解説】

「テセウスの船」がどの段階から「テセウスの船」でなくなるのか、この同一性を問題にした議論は古代ギリジャ時代から活発に行われてきました。

すべて材料を同じにしてつくった「テセウスの船」は偽物である、という人もいますし、当時の技術で再現されたのだから、「テセウスの船」だと答える人もいます。

一部を新しい木材でつくったのなら「テセウスの船」として許容できるが、「それ以外は許容できない」という人もいます。そもそも、新しい木材に替えた時点で「テセウスの船」ではない、などいろいろな意見があります。

このテセウスの船の問題は、美術品の修復や文化財の建築物の修復でもよく起こる問題です。

たとえば、日本でも京都宇治にある世界遺産、平等院鳳凰堂（ほうおうどう）が平成の大改修で、建築された当時の色調が復元されました。

しかし、多くの人が知っているのは、色彩が失われたくすんだ色の平等院鳳凰堂です。
それに厳(おごそ)かさや尊さを感じている人には、同じ平等院鳳凰堂と感じられないかもしれません。

同一性の線引きは、さまざまな哲学者も議論していますが、結局は、その人次第であると考えられているようです。

思考実験33 「箱の中のカブトムシ」

誰もが箱を1つだけ持っているとします。

その箱の中には、カブトムシが入っています。カブトムシはご存じのように世界中に多くの種類がいます。ところが、箱の中身は、箱を持っている本人しか、見ることができません。他の人は相手の箱の中身を確かめることができないのです。

そのため、箱を持っている本人が、言葉でカブトムシの色や形、大きさなどの詳細を言葉で伝えなければなりません。それだけではありません。もしかしたら、箱は空っぽなのかもしれないし、カブトムシではない何かに変わっているかもしれません。

カブトムシの存在から形状、色などを自分の主観でしか語れない状況では、相手に自分のカブトムシを正確に伝えることは不可能です。

このような「カブトムシ」に相当するような言葉はあるのでしょうか？

【解説】

哲学者のウィトゲンシュタインは、自分が感じている感覚や気分というものが、「カブトムシ」に相当すると語っています。

「痛み」は「箱の中のカブトムシ」そのものでしょう。一例を挙げましょう。骨折をしたときに、そのことがレントゲン写真からわからなかったら、どうでしょうか？

本人は死ぬほどの痛みを感じているはずです。しかし、レントゲンには骨折を客観的に判断できる証拠は見当たりません。このため、医師は、痛みを訴えている自分の痛みを類推することもできません。仮にレントゲンで骨折が確認できたとしても、自分が感じている痛みは、医師にはどうやっても正確には伝わらないのです。

年齢を重ねてくると、さまざまな病気に侵（おか）されることがあります。中には激痛をともなう痛みもあるでしょう。友達同士で会うと、お互いに持病の痛みの話をすることもあるでしょう。しかし、そうやって話している2人は、お互いに相手の持病の痛みの感覚はわからないのです。まさにその姿が全く見えない「箱の中のカブトムシ」のようにです。

お互いの「痛み」に対する正しい情報が交換できていないのにわかり合えるなんて不思議ですね。

私たちの言葉というのは、これまで見てきたように、思考の道具にもなりますし、コミュニケーションの道具にもなります。

私たちは大抵のことは言葉で伝えられると感じていますが、実際にはそうではないことが多々あるのです。

言葉の中には、雰囲気やニュアンスは伝えられても、他人が全く理解できない言葉もあるのです。これを「私的言語」といいます。哲学者のウィトゲンシュタインが発見しました。

思考実験34 「無限の猿定理」

1匹の猿がいます。

この猿はどこの動物園にもいる普通の猿です。特別な能力などは特にありません。

この普通の猿が長い時間、キーボードをたたき続けて、ある日、シェークスピアの名作『ハムレット』や『ロミオとジュリエット』のようなテキストが生まれる可能性があると思いますか？

また、もし可能性があるとしたら、その確率はどのくらいだと思いますか？

【解説】

確率はゼロではありません。

ただ、無作為にキーボードをたたき続けて、ある特定の文や作品が出力される確率は極めて低いです。実際の計算は非常に複雑で、厳密な確率を求めることは難しいですが、その確率はゼロではないとされています。

「SALU」という単語を打ち出す確率も、たとえば、パソコンのキーが100個あるとして、「SALU」が4文字だから、100分の1の4乗なので、1億分の1の確率となります。可能性は、限りなくゼロに近いですが、ゼロではありません。

しかも、文章ともなると時間は想像を絶するほど膨大(ぼうだい)にかかるでしょう。

しかし、「無限の猿定理」は理論上の概念であり、実際に無限の猿が存在するわけではないため、その確率を正確に計算することはできません。

思考実験35 「コンドルセのパラドックス」

あるクラスに3人の生徒がいます。

給食のメニューを決めるために、3つの選択肢（カレーライス、ハンバーグ、ピザ）があります。それぞれの生徒が3つの選択肢から自分の好きな順位をつけていきます。

生徒Aはカレーライスが一番好きです。
生徒Bはハンバーグが一番好きです。
生徒Cはピザが一番好きです。

では、投票結果を見てみましょう。

・生徒A…カレーライス ＞ ハンバーグ ＞ ピザ
・生徒B…ハンバーグ ＞ ピザ ＞ カレーライス
・生徒C…ピザ ＞ カレーライス ＞ ハンバーグ

それぞれの投票に従って、カレーライスに1票、ハンバーグに1票、ピザに1票が入ります。ここで、問題が生じます。

1つの選択肢に対して1票しか投票できないため、票が割れてしまうと決定することができません。

どのように給食のメニューを決めればよいでしょうか？

【解説】

「コンドルセのパラドックス」は、多数決によって3つ以上の選択肢から1つを選ぶときに矛盾が生じてしまうことを指します。

今回の例だと生徒A、生徒B、生徒Cのように好きなものの順位が3人で異なり、すべてが同票数になってしまうために決められません。

まずは候補のメニューを2つに絞って投票を行い、勝ったメニューと残る1つのメニューを競わせることで決着をつけることができますが、投票の手続きによって決まるメニューが異なってしまいます。

たとえば、最初に「カレーライスとハンバーグのどちらがいいか」となった場合、カレーライスが2票、ハンバーグが1票でした。そして勝ち上がった「カレーライスとピザのどちらがいいか」となり、選ばれたのはカレーライスが1票、ピザが2票でピザに決定しました。ただ、ここでピザの生地が人数分ないことが発覚しました。

2位だったカラーライスを食べればいいのかもしれませんが、念のため、「カレーライスとハンバーグのどちらがいいか」の投票をすることになりました。

そうしたら、なんとカレーライスが1票、ハンバーグが2票になってしまいました。

このように多数決をしても矛盾が生じてしまうのが「コンドルセのパラドックス」です。

思考実験36 「アキレスと亀」

アキレスという足がとても速くて有名な男がいます。

ある日、アキレスは友達の亀と競走することになりました。

当然ながら、アキレスは亀よりもずっと速いことはみんなわかっています。このまま勝負をすれば、アキレスが勝つことが目に見えているので、亀に少しハンデが与えられました。ただ、そのハンデは勝敗を分けるほどの大きなものではありません。

コースは直線の一本道です。さて、このレースはどっちが勝ったのでしょうか?

アキレスは自信を持ってレースに臨みましたが、意外なことに、アキレスは亀に負けてしまったのです。どうしてアキレスは亀に負けてしまったのでしょうか?

【解説】

この思考実験は、古代ギリシャの哲学者ゼノンが、ピタゴラス学派の主張がおかしいと主張するために考えたものです

普通に考えれば、亀よりも足が速いアキレスが勝つだろうと考えると思います。

では、なぜ、アキレスは負けてしまったのでしょうか？


このレースは、まずアキレスが亀を後ろから物凄いスピードで追いかけます。

亀がスタートした地点をAとします。アキレスが亀に追いつくにはまず亀がスタートした地点Aに辿り着かなければなりません。

アキレスが地点Aに辿り着くころに亀は少し先の地点Bにいます。

アキレスが地点Bに着くころには亀は少し先の地点Cにいます。このように、いつまでたってもアキレスは亀に追いつくことはできないという考え方です。

「アキレスと亀」では、スタートしてからすぐにアキレスが亀に追いつくはずですが、ア

キレスが亀に追いつくまでの時間は無限に刻んでいくことはできます。

この問題はアキレスが亀に追いつくまでの時間を刻んだだけにすぎないのです。たとえば、長さ10㎝のカステラがあるとします。これを半分に切ると5㎝です。さらに半分に切ると2・5㎝になります。さらに半分に切ると1・25㎝になります。このように計算上では無限に切っていくことができます。

計算上ではカステラを無限に切ることができますが、カステラの大きさが無限でないのと同じように、亀に追いつくまでの時間を無限に刻むことはできますが、時間も無限にあるわけではありません。

「本当は有限であるはずの時間を無限の時間で行われる」と考えてしまったことが、「アキレスと亀」の間違いの始まりなのです。

思考実験37「張り紙禁止のパラドックス」

ある学校はとても荒れていて、廊下の壁には落書きやポスターがたくさん貼られています。それを見かねた生徒指導係の先生が、廊下の壁に「この廊下の壁には何も貼ってはいけません」というポスターを貼ろうとしました。

この規則自体を伝えるためには、廊下の壁にその張り紙を貼る必要があります。

しかし、規則によれば、壁に何も貼ってはいけないとされています。

したがって、この規則を伝えるための張り紙を貼ること自体が規則に違反してしまいます。あなたならどうしますか？

【解説】

張り紙禁止のパラドックスは、規則そのものが自己を否定する状況を指します。

①規則の内容

ある場所（たとえば学校やオフィスの廊下）には、「この壁には何も貼ってはいけない」という規則があります。これは、壁には何も貼らないようにするためのルールです。

②規則の実施

この規則を他の人々に伝えるためには、その壁にポスターなどを貼る必要があります。たとえば、廊下の壁に「この壁には何も貼ってはいけません」と書かれた貼り紙を貼ることで、他の人々にその規則を知らせることができます。

③パラドックスの発生

この行為自体が問題です。なぜなら、規則はその壁に何も貼らないことを求めているので、規則に従うとその貼り紙を貼ることは自己矛盾することになります。つまり、規則を守るための行動が、その規則自体に違反してしまうというジレンマが生じるのです。

このパラドックスは、規則や制度の設計や実施において、ときに複雑な問題や矛盾を生じてしまっていることを示しています。

思考実験38 「チャイニーズルーム」

あなたはある部屋に閉じ込められてしまいました。

その部屋の中には中国語のテキストや辞書、そして中国語のマニュアルが入ったコンピューターがあります。ところが、あなたは中国語を話せません。

その部屋には小さな穴が開いており、部屋の外とのやりとりはその穴を使うしかありません。部屋に閉じ込められて3時間が経過したころ、その穴から中国語らしきものが書かれた1枚の紙が投げ込まれました。

あなたは、部屋の中にあった中国語のテキストや辞書、そしてコンピューターを使って、紙に書かれていることに適切と思われる返答をしました。一度返答をすると次から次へと紙が投げ込まれました。

部屋にあったマニュアルが入ったコンピューターには「こういう質問にはこう返しなさい」と詳しく書いてあったため、そんなに難しい作業ではありませんでした。

どうやら紙を投げ込む人に、中国語が理解できる人だと思われたようです。

この作業を続けたらあなたは本当に中国語が理解できるようになるのでしょうか？

【解説】

この「チャイニーズルーム」思考実験は、アメリカの哲学者ジョン・サールによって考えられました。この「チャイニーズルーム」はＡＩ（人工知能）と人間の関係ついての思考実験になります。

この問題では、部屋の中にいる人がＡＩ、部屋の外から紙を入れる人が人間と考えます。そうするとＡＩと人間の関係がなんとなく見えてきます。

部屋の中の人は、本当に中国語を理解しているわけではなく、単純にマニュアルに沿って返答をしているだけです。つまり、受け答えができることと、本当に中国語を理解しているかは無関係ということです。

これはＡＩと私たちの関係に置き換えても同じです。ＡＩに知能があるわけではなく、ＡＩは規則に沿って答えているだけです。したがって、ＡＩが人間と同じように自らの頭で考えることはできないということを示した実験になります。

思考実験39「モンティ・ホール問題」

あなたはあるテレビのクイズ番組に参加しました。そのクイズ番組であなたは勝ち上がり、賞品がかかったゲームにチャレンジすることになりました。

あなたは３つのドアの前に立っています。そのうちの１つのドアの後ろには賞品があり、他の２つのドアの後ろには何もありません。

あなたは１つのドアを選択しました。その後、司会者は残りの２つのドアのうち、賞品のないドアを開けます。そして、あなたにドアを変更するかどうか尋ねました。

あなたなら選んだドアを変更しますか？

【解説】

答えは、ドアを変更したほうが、商品を引き当てる確率が上がります。

なぜかというと、当たる確率が2／3に上がるからです。これは初めて選んだドアを変更すると、残りの2つのドアのうち1つが当たりのドアである確率2／3になるためです。最初に選んだドアが当たりのドアである確率は1／3であり、残りの2つのドアが当たりのドアである確率は2／3だからです。

このモンティ・ホール問題は、1975年にアメリカのテレビ番組「Let's Make a Deal」で司会を務めていたモンティ・ホールにちなんで名づけられました。

この問題は、アメリカの数学者であるスティーブン・セルゲイによって最初に考えられました。彼は1975年に「アメリカ数学月間」誌でこの問題を紹介し、その後モンティ・ホールの名前がつけられることとなりました。

思考実験40　「タイムマシンのパラドックス」

マイケルは天才的な物理学者で、自宅の地下室で秘密の実験室を持っています。彼は長年の研究の末、タイムマシンの開発に成功しました。

ある日、マイケルは友人にタイムマシンの存在を明かします。友人は興奮し、タイムマシンを体験したいと言います。マイケルは友人を過去に連れて行くことを決心します。

マイケルと友人がタイムマシンで過去へ行きました。

そこで偶然、マイケルの父親が事故に遭いそうになっているのを目撃し、マイケルは事故を防ぐために父親を突き飛ばしました。

マイケルが父親を助けた場合、マイケルにはどのような影響が考えられますか？

【解説】

マイケルが過去の時代で自分の父親に干渉することで、自分に存在のパラドックスが生じます。たとえば、父親が事故で入院し、その病院で働いていた母親と出会い、結婚し、マイケルが生まれた場合は、マイケルの存在がなくなります。

その結果、マイケルがタイムマシンを使って過去に行き過去に干渉するどころか、自分の存在の根拠がなくなることになります。

タイムマシンのパラドックスは、タイムトラベルに関連するいくつかの論理的に矛盾した状況や問題を指します。代表的なものには次のようなものがあります。

① グランドファザーパラドックス

タイムマシンを使って過去にさかのぼり、自分の祖父を殺してしまうというような行動を取ると、その結果、自分の存在自体が消滅してしまいます。なぜなら、祖父が死んでいれば、自分の親が生まれないからです。しかし、自分が存在しないとタイムマシンを使って祖父を殺せるわけがありません。

②情報パラドックス

過去に未来の情報を持ち込んでその情報を使って未来を変えると、その結果、その情報の起源がわからなくなるという問題があります。たとえば、未来の情報を過去に持ち込んで、それに基づいて発明を行うと、その発明のアイデアの起源がどこから来たのかが不明確になります。

③時間の無限ループ

過去にさかのぼって過去の出来事を変えると、新しい未来が生まれますが、その新しい未来でまた過去にさかのぼって同じ出来事を変えるというループが生じる可能性があります。この場合、時間の流れが無限ループに閉じ込められることになります。

これらのパラドックスは、タイムトラベルが可能である場合に生じることです。これらのパラドックスを解決するためのさまざまな仮説や理論も提案されており、タイムトラベルに関する議論はいまだに進行中です。

Column

脳の2つのシステム

私たちの脳には大きく分けて、2つのシステムがあることがわかっています。

1つは習慣的な行動を繰り返すシステムです。

人間の脳は何かを選んだり、何かを考えたりするときに大きなエネルギーを使います。このため、日常生活では、あまり考えなくてもすぐに行動や対応ができるようにパターン化するシステムがあります。

たとえば、朝、ボーッとしながらでも、学校や勤め先に行き着くことができる、という機能もこの脳のシステムのおかげです。

しかし、このシステムが原因で、言い間違いをしたり、何も考えずに判断したりして、柔軟に対応することができなくなっています。

近年の研究では、大脳基底核の報酬系が作用しているのではないかと考えられています。

もう1つは、じっくり考えたり、問題を解いたり、費用対効果の利益計算をしたりするシステムです。

情報の処理速度は遅いのですが、計算や推論など高度な計算をすることができます。

たとえば、新しい報酬が得られる場所を探す、つまり、今までと異なる新しい仕事を開拓するというのも、この情報処理システムのおかげなのです。

近年の研究では、おでこのあたりの脳のエリアに存在する前頭葉が大きく関わっているのではないかと考えられています。

この2つのシステムを使って、いろいろな情報を処理したり、論理的思考をしたりしているのです。しかし、この2つのシステムは全く別個で動いているわけではなく、お互いに脳の中で影響し合っているのです。

このため、脳の中が通常モードだと固定観念から抜け出すことができません。

だからこそ、新しいアイデアを生み出すには、後者の前頭葉で考えるモードに自分で意識的に切り替えないといけないのです。

そのために、思考実験はとても良いトレーニングになるのです。

第3章

問題が解きたくなる思考実験

思考実験41 「自由落下のエレベーター」

地上300メートル、60階建てのビルの昇りエレベーターにあなたは乗りました。ところが59階に到達したところで、エレベーターが急に止まってしまいました。自分の手のひらには、オフィスに着いたら食べようと思っていたリンゴがあります。

すると、エレベーターを吊っているワイヤーが何らかの理由で切れてしまいました。

そして、あなたが乗っているエレベーターは落下を始めました。このとき、あなたが持っているリンゴはどのようになるでしょうか？

【解説】

これは、アインシュタイン「自由落下のエレベーター」と呼ばれる思考実験です。

物の速度はどのように変化する？　ニュートンの運動法則を思い出してみましょう。答えは、リンゴと手のひらの位置関係は変わらないといえるでしょう。地球上にある物体は落下し始めたときの位置と速度が同じであれば、自分の手のひらにあるリンゴの位置は変化がないように見えます。

仮にエレベーターの壁が透明で、外から中の様子が見えたら、手に持っているリンゴやエレベーターの中にいるあなたも、同じ位置関係で落下しているように見えるはずです。

このとき、リンゴが手のひらから1センチ離れたまま、落下し続けたとしたら、リンゴは浮いた状態で見えるはずです。つまり、無重力状態になることができるというわけです。

このことから、加速度運動をするエレベーターの中では、重力は消えることから、重力と加速度運動は同じ（等価）なのではないかと考えられます。

ある仮説を証明するために思考実験をする場合、過去の似たような出来事をイメージするのもよいでしょう。アインシュタインも屋根から瓦と同じ速度で落する瓦職人を見たことがきっかけでこの思考実験を思いついたのです。

古代ギリシャの哲学者アリストテレスは著書『自然学』の中で、物体の落下について、次のように述べています。

「石が落下するのは、石が本来、属するべき地上に戻ろうとしているからだ。また、落下速度が徐々に上がるのは、あたかも私たちが家に帰り着く頃には、早足になるがごとくである」

そして、自由落下（物体が空気や摩擦の抵抗を受けずに重力だけで落下すること）の速度は落下する物体の重さに比例すると言っています。

たとえば、10キログラムの石と5キログラムの石があれば、10キログラムの石が早く地上に落ちると経験則から考えたのです。

思考実験42「止まった光」

鏡は光を反射して初めて機能するものです。

つまり、自分の顔に反射した光が存在しなければ、いくら鏡をのぞき込んでも自分の顔は映りません。

では、問題です。自分が鏡を持ちながら、光の速さで飛んだとしたら、果たして自分の顔は鏡に映るのでしょうか？

【解説】

相対性理論のアイデアを生み出したアルベルト・アインシュタインは、さまざまな思考実験を試していた思考実験オタクとしても有名です。彼が考えた思考実験はたくさんありますが、そのうちの1つに「止まった光」というものがあります。

鏡を反射させるには光が必要です。「止まった光」の思考実験は、アインシュタインが16歳のときに考えたといわれています。光の性質を考えるためのものだったそうですが、後の特殊相対性理論の構築につながった思考実験だともいわれています。もちろん、現実世界では鏡を持って光速で飛ぶ、なんてことはできません。思考実験だからこそ、考えたり、検証したりすることができるのです。

なぜそんな思考実験をアインシュタインがしたのかというと、彼が16歳ぐらいのときには、光は波の性質を持つことがさまざまな実験によってわかっていました。そこで多くの科学者は、光も音のように空気のような何かによって媒介され、波のように伝わると考えたのです。そして、この空気のような何かをエーテルと名づけました。

光がエーテルを通じて、伝わっていく波のようなものであれば、その媒体であるエーテルを追い越し光が前に出ることはありません。つまり、当時の科学的な常識では、光速で飛んでいる自分の顔は鏡には映らないと考えられていたのです。


しかし、アインシュタインはそこで思考実験を終わらせませんでした。エーテルの存在を調べるためのさまざまな実験が、アインシュタインの思考実験をしているときもたくさん行われていました。ところがいくら実験を繰り返しても、エーテルの存在は認められなかったのです。こうした実験の結果をアインシュタインはおそらくどこかで見たのでしょう。光の性質を思考実験でさらに考え続けました。

そして、光は音のように何かを媒介して伝わるのではないと、アインシュタインは考えたのです。光の速度は自分の飛んでいる速度に影響を受けずに、常に一定であると考えました。であると、自分が光速で飛んでいても顔から出た光は、光速で飛んでいる自分に単純に足されるだけです。つまり、この思考実験の答えは、鏡に顔は「映る」ということになるのです。

思考実験43 「2つの球」

ここに全く重さがない透明な紐(ひも)があります。そして、同じ鉄の素材でつくった重い球と軽い球を透明な紐で結びつけます。そして、空気の抵抗や摩擦がない空間で同時に2つの球を落下させたら、どのような結果が考えられますか？

① 2つの鉄球が紐によって1つになるので、さらに重量は重くなり、より早く落下する。
② 2つの鉄球は分かれており、軽い鉄球が重い鉄球の落下速度を減らすので、全体として落下速度は遅くなる。

この考え方は、果たして正しいのでしょうか？

【解説】

答えは、どちらでも正しくありません。正解は「2つの球は同時に落下する」です。アリストテレスの考えた物理法則では、物体の落下速度は、重量に正比例するのですから、2つの答えは合っていると考えられます。ところが、実際にはこの2つの答えは矛盾しています。

では、アリストテレスが指摘するように、一見すると重量の重いものが、軽いものよりも速く落下しているように見えるのはなぜでしょう。

たとえば、鉄球と羽毛を自由落下させたら、鉄球のほうが速く落下します。もう、おわかりでしょう。それは、空気抵抗があるからです。イタリアの数学者であるベネデッティは、空気抵抗の存在をこの思考実験から発見したのです。ベネデッティもアリストテレスの物理法則の矛盾から、物体の落下速度は物体の表面積に比例すると考えたのです。

このようにして、思考実験の結果から、過去の常識で見えづらかった法則の発見をすることも可能なのです。

思考実験44 「ガリレイの船」

古代から17世紀前後まで地球を中心に天体が回っているという説が正しいと信じられていました。これを天動説といいます。

一方、天体観測などの結果から、次第に地球の方が動いているという説が有力になってきました。

しかし、天動説を支持する人たちは、「地球は動いているのだから、球を上に向けて投げたら、投げた球は違う位置に落ちるはずだ」といって地動説を批判しました。

そこでガリレイは、動く船のトップマストから球を落とすという思考実験を行いました。

では、なぜガリレイは、そんなことをして地動説を証明できたのでしょうか？

【解説】

それは、静止している場所でも、一定の速さで動いている（等速直線運動）場所でも、物体の運動には、違いはないとガリレイは考えていたからです。

一定の速さで動いている物体の運動を等速直線運動といいます。たとえば、まっすぐ走っている電車に乗っているときに、ボールを30センチメートルぐらい上に投げても、落下するときには元の位置に戻ってきます。もちろん、電車が揺れているときやカーブに差しかかっているときには、手元に戻ってきません。

なぜならば、空中にあるボールは、遠心力や慣性の影響を受けて、手元には戻ってこないからです。上に投げたボールが手元に確実に戻ってくるためには、動いている物体は等速直線運動をしていなければいけないのです。

こうして、ガリレオは、船の動きを使って地動説を説明しました。

船が止まっている場合でも、船が進んでいる場合でも、マストの上から物を落とすと同じところに物が落ちました。

船が進んでいるに物を落とすと、その物は船と一緒に前に進む速さを持ちます。

つまり、船の上から物を落とすと、静止している場合でも、動いている場合でもその物は船と一緒に動いているので、同じ場所に落ちるのです。

ガリレオは、地球の表面上の物体が地球の運動によって後退しないことから、地球が太陽の周りを公転しているということを証明しました。

実際にガリレイは、自分で試してみてから、天動説を主張する学者と議論を戦わせたそうです。

思考実験45「眠り姫問題」

今日は日曜日です。

ある研究者が新しい睡眠薬を開発しました。あなたはその研究に協力している被験者です。この新しい睡眠薬は誰のことでも丸１日眠らせることができ、１日の記憶を完全に消してしまう効果があります。

今回の臨床試験はとてもシンプルで、研究者がコインを投げて表だった場合は睡眠薬を飲んで、月曜日に起きて簡単な質問を受けて家に帰ることができます。

研究者が投げたコインが裏だった場合は睡眠薬を飲んで、月曜日に起きて簡単な質問を受けた後で再び睡眠薬を飲みます。そして火曜日に起きて簡単な質問を受けて臨床試験は終了です。

ではは質問です。あなたが目覚めたときに、あなたのコインが表である確率はどのくらいだと思いますか？

【解説】

コインを投げたときに表が出る確率も裏が出る確率は１／２となります。
したがって、普通に考えれば表である確率は１／２となります。

しかし、記憶を完全に消してしまう睡眠薬のせいで、自分が起こされているが月曜日なのか火曜日なのかわかりません。

つまり、一度起こされているかもしれない確率も計算に入れることも必要になるのではないかという考え方もあるのです。

ここで一度整理をしてみましょう。
あなたが起きている可能性があるのは次の３つの場合です。

- コインは表で月曜日（A）

- コインは裏で月曜日（B）
- コインは裏で火曜日（C）

この３つの条件を考えると、表である確率は１／３（A＋B＋C）となるとます。

問題自体はすごくシンプルなのですが、専門家でも答えが分かれる問題になります。

この思考実験でわかることは「眠り姫問題」は確率の問題であり、どのように情報をとらえるかで答えが変わる思考実験だといえます。

思考実験46 「死刑室のサイコロ」

あなたは、これから死刑を待つ囚人です。死刑囚が収容される部屋（死刑室）では、ちょっと変わった死刑執行制度があります。

まず新しく入室した死刑囚は、2個のサイコロを振ります。1のゾロ目が出れば、そのときに死刑囚の部屋にいた全員は、絞首刑となります。しかし、それ以外のサイコロの目が出れば死刑囚は全員釈放されます。

全員が釈放された後には、それまでに釈放されたすべての死刑囚の9倍の人数の死刑囚が新たに死刑室に収容されます。部屋は人数に合わせて、大きくなります。

なお、最初に入る死刑囚は1人だけです。全員処刑が1回でも実行されるとこの処刑は一端、終わることになっています。ただし、全員釈放が続く限り、サイコロを振って、全員釈放か全員処刑が決められるシステムは続くことになっています。

この部屋で、あなたが死刑を免れる確率はどのくらいでしょうか？

【解説】

自分の生死に関わる確率も考えてみましょう。

この問題の答えは、たったの10％です。この死刑システムによると、全体で90％の人が殺される確率になります。

①サイコロを振って自分が助かる確率

まず自分が助かる確率を出してみましょう。２個のサイコロを振って、１のゾロ目が出てくるのが、１／６×１／６＝１／36になります。

つまり、あなたがサイコロを振って助かる確率は１－１／36＝35／36になります。約97・22％です。

非常に高い数字なので、死ぬことはほとんどないだろうと考えるでしょうか？

②新しく入れられる死刑囚の人数

最初に死刑室入れられる死刑囚は1人です。仮にこの人がサイコロで減刑されると、次に死刑室に入る死刑囚は、1人の9倍で9人です。

さらにこの9人が減刑されて、死刑を免れると次に死刑室に入れられる死刑囚は(1+9)×9で90人です。同じようにこの人たちが死刑を免れると、次に死刑室に入る死刑囚は(1+9+90)×9で900人、その次には、(1+9+90+900)×9で9000人というように増えていきます。

③ **処刑される死刑囚の人数**

2回目の死刑囚が全員死刑になると9人が死刑にされます。

この死刑室に入った人の総数で考えると、90%の人が死刑になります。同じように3回目で全員死刑になると90人が死刑になります。これは死刑室に入った死刑囚の90%になります。

4回目では、900人が処刑され、死刑室に入った死刑囚の90%が死刑になります。

要するにこの死刑室に入って全員処刑になると、90%の人が死刑になってしまうということなのです。

なお、１回目は１人が入って、全員死刑になると１人が死ぬので、死刑になる確率は１００％になります。

つまり、この問題のポイントは、サイコロによる生存確率と死刑室の生存確率が異なるということなのです。サイコロの生存確率だけにとらわれていると、死刑室の本当の生存確率を見誤ってしまいます。

確率を使って、計算をしたり、判断したりするときには、計算すべき要素の漏れがないように注意をすることが肝心です。

思考実験47　「ギャンブラーの誤謬」

あるギャンブラーがカジノでルーレットを楽しんでいます。赤か黒か、どちらかの色に賭けるシンプルなものです。ギャンブラーは、そのカジノに長年通っていますが、その日は見たこともないことが起きていました。なんと9回連続で黒が出たのです。ギャンブラーはこの奇跡に興奮しました。

そして、いよいよ10回目です。さすがに赤が出ないのは不自然だと思い、赤に賭けようとしました。9回連続で黒が出る確率は512分の1です。つまり、約0・2％しかありません。

ギャンブラーの確率計算よると、次は99％以上の確率で赤が出る可能性があると彼は考えました。しかし、ここまでの奇跡を考えると、次も黒が出るかもしれないと悩んでしまっても、おかしくありません。

10回目のルーレットは黒と赤、どちらが出る確率が高いのでしょうか？

【解説】

実はこの話は、実際に起きたこととして知られています。

１９１３年にモナコのモンテカルロカジノでのルーレットのゲームで26回連続で、球が黒に入りました。このときに多くのギャンブラーが赤に賭けたのですが、結果は黒で、大金を失った人たちがたくさん出てしまいました。

ここまで連続して同じ結果が出ていると、次は異なる結果になるのではないかと考えてしまうものです。科学的でないことに因果関係を見いだしてしまうのです。

しかし、確率を冷静に考えてみましょう。

ルーレットを回して、赤と黒の出る確率は、それぞれ２分の１です。ちなみに、９回連続で黒が出る確率は、２の９乗で５１２分の１です。

そう考えると、かなり珍しい現象が起きているように見えるかもしれません。しかし、ギャンブラーが予測した9回連続で黒が出る確率の約０・２％という数字は、あくまでも

9回連続で黒が出る確率であり、次に黒が出る確率ではありません。

次に黒が出る確率も、赤が出る確率と同じように2分の1なのです。過去の結果は、未来に影響することがないのです。

つまり、512分の1の確率で黒が9回連続して出たことと、10回目のルーレットの確率とは何の関係もないということが答えになります。


確率は、短期的に見ると、つまり、ルーレットを行う回数が少ないと、本来の確率である2分の1からかけ離れた結果が出て、荒れることがあります。

これは、研究でも明らかになっており、「少数の法則」と呼ばれています。こうした科学的法則を無視した過度な期待が、ギャンブラーの誤謬（ごびゅう）を引き起こすというわけです。こうした「少数の法則」はギャンブルに限らず、私たちがデータを読み解くときにもよく犯してしまう間違いの1つです。

では、このようなギャンブラーの誤謬を止めるためには、どうすればいいのでしょうか？

脳の学習によってつくられた行動パターンを一度、消してみるということが必要です。過去の成功パターンに基づいた同じ行動を繰り返すのではなく、一度、立ち止まって、自分の行動を俯瞰（ふかん）して検証してみるのです。そうするだけでも、こうした迷信行動から逃れるきっかけを見いだすことができます。

過去を都合よく解釈してしまうギャンブラーの誤謬は、未来に同じことが続くという不正確な因果関係によって、もたらされます。

これとは逆に自分勝手に因果関係をつくることによって、判断を誤ってしまう「逆ギャンブラーの誤謬」という実験もあります。

思考実験48 「逆ギャンブラーの誤謬」

あなたはカジノに出かけることにしました。ルーレットによる賭けが行われていました。それを見ていると、立て続けに黒が9回出ています。

そこであなたは、こう考えました。

「私がカジノに来たとき、9回連続で黒が出た。確率は512分の1で目の前で奇跡が起きている。この奇跡は続くはずだ。こんなチャンスは今しかない。今、賭けるべきだ」

しかし、こんな風にも考えました。

「随分前から何万回も賭けが行われている場合、9回連続の黒は、たまたま起こったことの1つ。ルーレットの確率は2分の1で変わらない。今、賭けるのはよしておこう」

この状況で、あなたは賭けるべきか、賭けないべきか、どちらの自分の言葉を信じるべきなのでしょうか？

【解説】

この推論は果たして正しいのでしょうか、それとも間違っているのでしょうか？　答えは、どちらでもない、です。

「逆ギャンブラーの誤謬」は、目の前の特異な現象を説明するために、過去の出来事のつじつま合わせをしようとすることです。

つまり、迷っていること自体、正しくその場の状況を考えられていないということなのです。

この人がギャンブルをしたいと思えば、賭けるチャンスがあるように、過去をつくり変えて目の前の状況を判断するでしょう。

しかし、賭けようと思わなければ、悪いほうにとらえるでしょう。自分の気持ち次第で、結論を導く前提を変えてしまうということなのです。

思考実験49 「本物のスイッチはどれ？」

あなたの手元には、３つのスイッチがあります。

そのうちの１つは隣の部屋のストーブを点火できるスイッチで、残り２つは、どこにもつながっていない偽物のスイッチです。

あなたがいる部屋と隣の部屋に通じているドアは閉められていて、中でストーブがついているかどうかは確認できません。またストーブを点火できる本物のスイッチを押し、その後に別のスイッチを押したときは、ストーブは消えてしまいます。

では、１回だけ隣の部屋に入れるとしたら、どうすれば３つのスイッチ中からストーブを点火できる本物のスイッチがわかるでしょうか？

【解説】

答えは、１つ目のスイッチを押し、数分待ってから、次に２つ目のスイッチを押して、すぐに隣の部屋に入るということです。

２つ目のスイッチを押して、すぐに隣の部屋に入ったとき、仮にストーブが点火されていれば、２つ目のスイッチは本物であったことがわかります。もし、ストーブがついていなかったら、ストーブに手をかざしてみましょう。ストーブが暖かければ、１つ目のスイッチが本物で、直前までストーブが点火されていたことがわかります。

ストーブが冷たければ、１つ目、２つ目のスイッチでは点火できなかったので、３つ目のスイッチが本物であるとわかります。

思考実験50 「コンコルドの誤り」

株式投資などで損をし続けているのに、いつか値上がりするはずと考えて、ずっと持ち続け、売る機会を逃して、株が塩漬けになってしまっています。

目先の損を取り戻そうとして、損をし続けてしまう脳のクセを発動させないようにするためには、一体、私たちはどうすればいいのでしょうか？

このまま株が上がるまで持っていた方がいいのでしょうか？

それとも、すぐに売った方がいいのでしょうか？

解説

もちろん、答えは「なるべく早く損切りをする」ということです。

実際に損をすると、損を取り戻そうという自分の考えに傾きがちですが、一時的な損をこうむることになっても、早めに損を確定したほうが、損を膨らませずに済むということです。

損が損を呼ぶ思い込み感情が揺さぶられるときに冷静な判断を欠いてしまうというときがあります。私たちの脳は、損失を利得よりも重く評価する性質、「損失回避性」という特徴を持っています。このために、何か行動をしたときに「損を取り戻そう」という意識が働きやすいのです。

「コンコルドの誤り」または、「コンコルド効果」というのは、イギリスとフランスが共同事業でつくった超音速旅客機コンコルドの名前にちなんでつけられたものです。

コンコルド事業は１９６９年にスタートしましたが、採算が合わずに１９７６年に機体の製造が続けられなくなりました。
ところが、イギリスとフランス両国はこれまでの投資が無駄になると考えて、経営難の状態を知りつつ、２００３年まで事業を継続し、墜落事故を起こしてやっと事業をやめたのです。

また、「このコンコルドの誤り」を脳の学習効果の１つだととらえる考え方もあります。たとえば、一生懸命働いた後に飲むビールはとてもおいしいと感じる人が少なくないでしょう。これは、努力をしてつらい思いをしたほうが、得られる報酬が大きいと脳が考えているからなのです。

つまり、損をすればするほど、得られる報酬が大きいと思ってしまうということです。より苦労をしたほうが、得られる報酬が大きいということに因果関係を見てしまうのです。

思考実験51　「たった1つの質問」

10年に1度の会社の大きなパーティーがありました。あなたは、そのパーティーのボウリング大会で1位になりました。10年に1度ということもあり賞金はとても豪華です。

1位の賞金は次の2つの選択肢から1つを選ぶことになっています。

A　100％の確率で100万円を獲得する。

B　50％の確率で200万円を獲得し、50％の確率で何も得られない

あなたならAとBのどちらを選びますか？

【解説】

これは、ノーベル経済学賞を受賞したダニエル・カーネマンとアモス・テヴェルスキーが1979年に提唱したものです。

この実験では、人々がリスクや不確実性に直面した際にどのように意思決定を行うかを示したものになります。

今までの経済理論では、人々は合理的に期待される利益や損失を計算し、その情報に基づいて意思決定を行うと仮定されます。したがって、この問題だと確実に100万円がもらえるAを選択するということになります。

しかし、この実験では、一部の人々がBを選ぶことがわかりました。それは、200万円を得ることに魅力を感じている人や、ギャンブルなどのリスクを好む人です。たとえば、あなたに借金が200万円あるとしたら、一括で返済できるBはとても魅力的に感じると思います。

この理論は「プロセプト理論」といい、人々の判断がこのような合理的な基準から逸脱することがあることを示唆しています。

思考実験52「先生の声」

イメージをしてみてください。あなたは、今、大きな講堂で先生の講義を聴いています。先生の姿を見ている限り、先生の声は天井や離れた壁から聞こえていても、気にはなりません。しかし、目をつぶって聞いてみると、先生のいる方向と異なる方向から、声がするので急に違和感を抱きました。

なぜ、このようなことが起きるのでしょうか？

【解説】

宮城学院女子大学の佐々木隆之博士が行った実験では、「私はペストが怖い」と発している映像を撮影し、それとは別に「私はゲストが怖い」という音声を録音しました。そしてそれを組み合わせた映像を流したところ、それを見ていた生徒には、「私はテストが怖い」と聞こえていたのです。

視覚と聴覚で矛盾した情報が脳に入力されると、その矛盾を解消しようと脳が知覚します。これによって、錯覚が起こるというのがマガーク効果です。

これは知覚が他の感覚器官の情報を統合して知覚する「クロスモダリティ効果（多感覚統合）」による錯覚ではないかと考えられています。

話している人の口の動きの映像と音源の方向が10度ズレても、同じ口から声が発せられていると、私たちの脳は認知します。ところが、20度以上ズレると、同じ口から音声が出ているとは認知しないと考えられています。

イメージに引っ張られる私たちは、最初に与えられた情報に引っ張られて、間違えてしまうことが少なくありません。

知覚心理学によると、私たちは、何か物事を認識するときに、まず目や鼻、口、耳、手足などさまざまな感覚器官を通じて感覚します。次に脳の中で感覚情報を整理して、感覚した形や位置情報を把握します。それが知覚という段階です。

さらに知覚した内容をもとにして、外界で何が起きているかを判断し、具体的な行動に結びつけるのが、「認知」と呼ばれています。

このように、私たちが物事を認識し、行動に移すまでには、さまざまな段階があるのです。このため、私たちが感覚器官で感覚したものは、それ自体が客観的に正しい事実とは言い切れません。

感覚器官に異常がなくても、脳が実際と異なる知覚を得ることを「錯覚」といいますが、私たちの脳は、感覚器官が得た「光」や「音」「におい」などの感覚情報をそのまま知覚したり、認知したりするのではなく、安定した日常生活が送れるように脳の中で情報を加工してから認識しているのです。

思考実験53 「最後通牒ゲーム」

これは「最後通牒（つうちょう）」というゲームです。

あなた1000円を持っています。あなたは友達とこの1000円を分けなければいけません。友だちがあなたの分け方の提案に納得すればそのお金はお互いが実際にもらえます。

しかし、あなたの提案を友達が拒否をした場合はどちらもお金がもらえません。

この場合、あなたは友達にどんな提案をしますか？

またその理由も説明をしてください。

【解説】

「最後通牒ゲーム」は、経済学者のウーリッヒ・ギューテル・グースによって１９７０年代に考えられたものです。彼はこのゲームを、リソースの分配における自己利益と公平性の相克を研究するための実験的なツールとして導入しました。

このゲームは、経済学や行動経済学の分野で広く研究され、さまざまな文脈で応用されています。経済学や心理学の分野で用いられる実験的なゲーム理論の１つです。非常にシンプルなルールで行われ、参加者間での分配に関する行動を調査するのに使われます。

この問題では、あなたが提案を行う際に、友達が提案を受け入れるかどうかを考えて提案を行います。

たとえば、あなたが少しでも得をしたいなら、あなたが７００円、友達に３００円などの提案をするでしょう。あなたが、友達と公平でいたいと考えるなら、あなたが５００円、友達に500円の提案をするでしょう。

このゲームでは、あなたが公平な提案をするか、自己利益を最大化する提案をするかが問題となります。また、友達が提案を受け入れかるかどうかは、提案の公平性や自己利益の最大化といった要素に影響されます。

「最後通牒ゲーム」は、資源や財源など分配に関する社会的規範や公平性、交渉力、利己的行動などを理解するための実験的な手法として広く用いられています。

思考実験54「心霊現象は本当にあるの？」

夏になると、テレビでもオカルト的な心霊現象番組が放送されていることがあります。
その中で心霊写真や、幽霊と思われるような不気味な声や音が聞こえることを紹介したりするコーナー、肝試しをするコーナーなどがあったりします。

果たして、本当に心霊現象と呼ばれるものはあるのでしょうか？

【解説】

ほとんどの心霊写真や幽霊と思われるような不気味な声や音は私たちの錯覚に基づいていることがほとんどです。

偶然生まれた壁の模様や石の形、岩の表面などに人の顔をイメージしてしまう人も少なくないでしょう。こうした心理現象をパレイドリア（何か間違っている映像や形という意味）といいます。

なぜパレイドリアが起きるのか、これも詳しい原因はわかっていませんが、人間にとって、同じ人間の顔を知覚するということは生きていく上で、非常に重要なことだといわれており、人間の目や鼻、口などに似たものがあると、人間の顔と認識しやすいという現象が起きるのです。

こうした現象に加えて、心霊現象番組では「この場所は人が飛び降り自殺した場所」などの人の顔のようなものが見えてもおかしくないと思わせる事前情報が与えられます。そのため、人の顔のようなものを見やすい条件が整えられているというわけです。

さらに、このような錯覚は視覚以外では聴覚でも起こるということが科学的に証明されています。エアコンの風の音やシャワーから出る水の音、沸騰したやかんから吹き出す蒸気の音など、雑音が人の声に聞こえることがあります。

これは、「聴覚的投影」という聴覚の錯覚現象です。人間の声は特定の波長や波形をとっていることが明らかになっていますが、実は人間の声の波長や波形でなくても、人の声として認識する錯聴が私たちにあることが、科学的に明らかになっています。

とあるテレビ番組でコウモリの鳴き声を人間の会話として解釈している人が取り上げられていました。それも１つの事例だと思いますが、私たちが人の声とは異なる波長や波形を持つ雑音を人間の声として知覚してしまう錯覚があるようです。

この錯覚は、音声や言語を処理している聴覚の脳神経に何らかの思い込みや信念が影響を与え、人の声として聞き取れてしまうことで起こるようです。このような錯覚がなぜあるのかは、はっきりとした原因はわからないのですが、この錯覚が不気味な声や音に聞こえてしまう原因の１つになっています。

錯覚は感覚器官があるところであれば、どこでも起きます。運動しているときに起きる錯覚もあります。たとえば、人間の筋肉の中には筋紡錘という筋肉の収縮や伸長を感覚としてとらえる感覚器官が存在しています。

この筋肉の感覚器官に物理的に刺激を与えたりすると、実際には運動をしていないのに、運動しているという運動錯覚が生じることがあります。こうした運動錯覚をリハビリテーションなどに応用している事例もあるのです。

このように錯覚は悪いことばかりではないのですが、科学的に思考をするときには注意が必要です。

思考実験55 「偽のコイン」

あなたの目の前には、コインが8枚と天秤（てんびん）が1台あります。

このコイン8枚の中には、1枚だけ重さが軽い「偽のコイン」が交じっています。
天秤を使って、8枚の中の偽のコインを見つけたいと思っています。

しかし、天秤は2回使うと壊れてしまいます。3回は使うことができません。

では、どのようにして偽のコインを探せばいいのでしょうか？

【解説】

この問題を解こうとするとき、多くの人は、次のような回答にたどり着くのではないでしょうか？

まず天秤の左右に4枚ずつ、コインを載せて量ります（1回目）。次に、左右、軽いほうの4枚をさらに2枚ずつにして、天秤で重さを比較します（2回目）。最後に軽かったほうの2枚を1枚ずつ、左右に分け天秤で重さを比較します（3回目）。

しかし、天秤は2回使うと壊れてしまいます。このやり方だと、偽のコインを発見することはできません。

実は天秤に載せなくても、偽物か本物かわかります。

答えは、次の通りです。

まず、8枚のコインのうち2枚を引いて、6枚を天秤の左右に3枚ずつ載せます。天秤が傾いた場合、その6枚の中に偽物が交じっています。偽物は軽いので、天秤の皿が上がったほうに、偽物のコインがあります。3枚のコインのうち、1枚を引いて、2枚を天秤に載せましょう。天秤の皿が上がったほうが、偽物になります。天秤が傾かなければ、天秤に載せる前に引いた1枚が、偽物のコインです。

では、6枚のコインを3枚ずつ、天秤に載せたときにちょうど釣り合った場合を考えてみましょう。

釣り合っているということは、天秤に載せた6枚のコインは本物だということです。最初に引いた2枚のコインを1枚ずつ、天秤の左右に載せて、軽いほうが偽物である、というわけです。

思考実験56 「消えた１００円」

ＡとＢとＣが１０００円ずつ出し合い、３０００円のお菓子を買いました。

ところが、そのお菓子は賞味期限間近だったので、店主が店員に「５００円値引きしてあげなさい」と言いましたが、店員は自分のポケットに２００円を入れ、３００円を返金しました。

ＡとＢとＣは３００円返金してもらったので、彼らは１人あたり９００円支払ったことになります。ところが３人が出した合計金額２７００円に店員がくすねた２００円を足しても、２９００円にしかなりません。

では、消えた１００円はどこにいったのでしょうか？

【解説】

答えは、消えていません。

事前に与えられている情報に注目し過ぎて、単純な情報を見落としてしまうということがあります。こういうときは単純に考えてみましょう。

では、もう一度、整理してみましょう。３人がそれぞれ９００円ずつ出した２７００円ですが、これは、当初値引きした２５００円に店員がくすねた２００円を足したものです。これにさらに店員がくすねた２００円を足してしまうからおかしなことになるのです。しかし、２７００円から店員がくすねた２００円を引くと、当初の割引額の２５００円となります。

お金の流れと実際に存在するお金を混同してしまうことで、だまされてしまうという問題でした。単純計算の中に、店主の思惑や店員の不正など、さまざまな余計な情報が入れられることによって、さも消えたような感じがしてしまうだけなのです。

思考実験57 「X氏のジュースの好み」

品質の異なるジュースA・B・Cがあります。X氏はAよりBが好きで、BよりCが好きです。

あるとき、あなたは、X氏にAかC、どちらのジュースを飲みたいのかを聞きました。そこでX氏は、迷わずAを選びました。

ジュースの味の違いを知らないあなたが単純に考えれば、X氏はAよりBが好き、BよりCが好きなのだから、AとCであればCを選ぶはずです。

おかしいと思ったあなたは、もう一度、X氏に聞いたところ、やはりそれぞれの好みに変わりはないといいます。では、なぜCではなくAを選んだのでしょうか？

【解説】

あとで、Ｘ氏の説明を聞けば、合理的に納得できるものでした。

さて、それはどんな理由だったのでしょうか？　ジュースを選ぶ基準は味だけとは限りません。

答えは、Ｘ氏は果汁の含有率（がんゆうりつ）を気にしていたからです。Ｘ氏は以前からジュースの味を基準にＡよりＢ、ＢよりＣを好む傾向がありました。

ジュースＡ・Ｂ・Ｃの果汁含有率が、Ａは50％、Ｂは70％、Ｃは１００％だったとします。Ｘ氏は果汁が多いジュースが好みでした。そこで、ＡよりＢ、ＢよりＣが好きだったのです。

しかし、Ａ・Ｂ・Ｃの量がそれぞれ３００㎖、２００㎖、１００㎖でした。ＡとＢの１００㎖の差であれば、味が優先されますが、ＡとＣでは２００㎖の差があったので、味ではなく量が優先されたのでした。

今回の場合では、ＣよりもＡの量が２００㎖多かったため、量を基準にＡを選んだのでした。

思考実験58 「サルの仲間」

次の3つの中から、特に近い関係にあるものを2つ選んでください。

① **パンダ**
② **サル**
③ **バナナ**

【解説】

答えは、「パンダとサル」もしくは、「サルとバナナ」です。

前者は論理的に考える思考の人が答えるパターンです。パンダとサルは哺乳類なので、動物の分類に合わせて選んだという考え方です。

後者はバナナを食べるのはサル、という考え方に基づいて選んだパターンです。

アメリカ人と中国人にこの質問をする実験では、アメリカ人は「パンダとサル」を選び、中国人は「サルとバナナ」を選んだという結果が出ました。アメリカ人は、この３つの選択肢を「哺乳類と果物」と論理的にとらえました。一方で、中国人は「バナナを食べるのはサル」と文脈的に考えたとされています。

中国語と英語のバイリンガルの人に同じ質問をしたところ、英語で質問した場合には、「パンダとサル」と答え、中国語で質問をした場合では、「サルとバナナ」を選ぶ割合が多かったそうです。

思考実験59「全能者」

あらゆることができる全知全能の神様に、ある人が自分でも破壊できない大きな建物をつくってほしいとお願いをしました。ところが、その建物をつくった瞬間、全知全能の神様はただの人間になってしまいました。その理由は一体何でしょうか？

【解説】

答えは、「全知全能者は、全能である自分を自ら制限して、全能ではない存在になることはできない」ということです。

全知全能者は壊せない建物をつくった瞬間に、全能者が存在できない証拠を自らつくってしまったからです。

なぜこのようなことが起きるのかというと、やはり全能という言葉の定義が曖昧であるということが問題になっています。

思考実験60　「クレタ島民の嘘つき」

古代ギリシャのエピメニデスは、ギリシャにほど近いクレタ島の予言者でした。あるとき彼は次のように発言したといわれています。

「すべてのクレタ島民は、嘘つきである」

この発言が仮に本当でクレタ島民が嘘つきだとしましょう。そうなると、クレタ島民であるエピメニデスも嘘つきになってしまいます。

さて、何が問題になるでしょうか？

【解説】

これは「嘘つきのパラドックス」という話です。

彼の「すべてのクレタ島民は、嘘つきである」というのが、嘘になってしまいます。つまり、この発言を本当だとしたことと矛盾するということになるのです。

もし、仮にクレタ島民が嘘つきだった場合、エピメニデスの主張が真実となるのでエピメニデスの主張は嘘となります。

しかし、もし仮にクレタ島民が嘘つきではない場合、エピメニデスの主張は嘘となります。

クレタ島民が嘘つきだった場合でも、そうでない場合でも、結果として矛盾が生じてしまうのです。

思考実験61「床屋の髭は誰が剃る？」

ある村の床屋は、自分で髭を剃らない村人全員の髭だけを剃ります（ルールA）。自分で髭を剃る人の髭は剃りません（ルールB）。

では、この村の村人であるこの床屋自身は、自分の髭を剃るのでしょうか、それとも剃らないのでしょうか？

【解説】

答えは、床屋の髭は剃れない、ということです。
そのことを詳しくみていきましょう。

床屋が自分で髭を剃るとすると、床屋は自分で髭を剃る人の髭は、剃らない（ルールB）なので、床屋は髭を剃れません。
一方、自分で髭を剃らないとすると、床屋は自分で髭を剃らない人の髭を剃る（ルールA）なので、髭を剃ることはできますが、少し奇妙な結果になります。

こうしたパラドックスは他にも存在しています。

哲学者のバートランド・ラッセルは、これらのパラドックスの共通性を考えて、自分で定義した集合に自分を入れること自体が間違っていると考えました。
ラッセルは、そのことを「悪循環原理」として、まとめました。

悪循環原理とは、「ある集まりが、その全体によってしか定義できない要素を含む場合、その集まりは全体をもたない（議論の対象にならない）」、という原理です。

ただし、全体の定義から独立している対象については、適用されません。

たとえば、「２０２４年3月31日の日本の首相」というのは、岸田文雄さんですが、岸田さんは、「２０２４年3月31日の日本の首相」によって定義されているわけではありません。だから、こうした文章に悪循環原理は適用されません。

思考実験62 「偽の文章」

A「この猫は、鳴く」
B「猫は、鳴く」

この2つの文は、論理的にどちらかが正しく、どちらかが間違っています。果たしてどちらが間違っているのでしょうか？　なお、「この猫」とは、あなたがイメージした大きさの猫としてください。

【解説】

猫の集合を考えると、わかります。

答えはBです。Bは論理的に間違いで、無意味な文章とされます。「この猫」は具体的な個体ですが、「猫は」は、抽象的な個々の猫を含む抽象的な全体なのです。

このように日常言語のそのほとんどが、論理的にいうと固有名詞ではないと考えられているのです。しかし、日常生活では、会話の前後の関係や状況などから、特定の対象を指しているということはわかります。だから問題はないとされているのです。

しかし、論理のルールでは、曖昧な抽象概念に基づく集合は、間違った結論に至ったり、パラドックスに陥ったりするので、注意しながら使いたいものです。

Column

ものごとの因果関係を脳が勝手につくり出す

「あの有名な占い師が言っていたことは、すべて当たっていた！」
「あのパワースポットでお願い事をしたら、すぐに実現した！」

スピリチュアルや占いにハマっている人であれば、そういう話に納得できる人も多いかもしれません。

しかし、占い師が言っていることはたまたま当たったという、偶然であることも少なくありません。占い師とのやり取りを自分に都合よく解釈しているだけなのです。
また、赤い下着を着けていったら、テストに合格したなどの、いわゆるゲン担ぎも同じようなことなのかもしれません。

では、なぜ私たちは偶然に起きた別々の出来事に対して、因果関係を考えてしまうことがあるのでしょうか？

ある出来事とある出来事の間の因果関係を設定してしまうのは、報酬による学習が大きな影響を与えているということが、アメリカのスキナー博士らによる数々の動物実験などでわかっています。

同じ行動を繰り返せば、同じ報酬が得られるということを脳の報酬系が学習し、もう一度、同じ行動を繰り返すようにドーパミンを放出して、行動をコントロールしているのかもしれません。


実は、そうしたことを裏付けるような研究結果も出ています。


認知科学では、因果関係のない2つの行動に因果関係をつくる行動を迷信行動といいますが、この迷信行動を特に起こしやすい職業が存在しているのです。

それが、ギャンブラーやスポーツ選手といった人たちです。

こうした職業の人たちは、脳の報酬系が活発に活動する一方で、自分の行動を振り返って、検証するような行動が極端に減っていることが、脳の活動を示す画像などによって明らかになっているのです。

同じことは続くと考えたり、続かないと考えたりする私たちは、物事になんらかの因果関係をつけて把握していることが少なくありません。

特にうれしいことや嫌なことなど感情が大きく揺さぶられるときには、頭の中で勝手に因果関係を設定して、自分に都合の良いように解釈することがあるのです。

あとがき

思考実験は、想像力を働かせて新しいアイデアや問題を探求するのにとても楽しい方法です。本書では、たくさんの思考実験を紹介してきましたが、空いた時間などがあったら自分でオリジナルの思考実験をつくってみるのも面白いと思います。

今は驚くようなスピードで時代が変化しています。いつ何が起きてもおかしくありません。このような時代では、思考実験をするクセをつけておくと、どんな状況でも、どんな問題が起きても臨機応変に対応をすることができます。

思考実験は、実際の実験を行わずに頭の中で問題を考えるだけです。想像力を使って新しいアイデアを生み出し、複雑な問題を解決することができるかもしれません。また、直感や洞察力を養い、科学や哲学の問題を探求するのに役立つかもしれません。教育でも活用され、生徒たちが自分の考えを深める手助けをしてくるかもしれません。

他にも、創造性を刺激し、新しい発見や洞察をもたらす可能性もあります。そのため、科学や哲学、教育などさまざまな分野で重要な役割を果たしてくれるかもしれません。

このように思考実験の可能性は無限です。

実は世の中にあるほとんどのモノが思考実験からできているのです。「あんなことができたらいいな」「こんなモノがあったらいいな」「こういうサービスがあったらいいな」とみんなが頭の中で考えたものが具現化して、商品やサービスになっているのです。

本書を読んで、思考実験のことを少しでも面白いと感じていただけたなら著者としてこの上ない喜びです。最後まで読んでいただいた読者のみなさんにお礼を申し上げます。

みなさんと、またどこかでお目にかかることを切に願っております。

笠間リョウ

参考文献

●『認知バイアス』（情報文化研究所高橋昌一郎監修フォレスト出版）
●『思考実験』（榛葉豊講談社ブルーバックス文庫）
●『ラッセルのパラドクス』（三浦俊彦岩波書店）
●『思考力改善ドリル』（植原亮勁草書房）
●『論理的思考力を鍛える33の思考実験』（北村良子彩図社）
●『突然頭がよくなる42の思考実験』（小川仁志ＳＢクリエイティブ）
●『よくわかる思考実験』（高坂庵行イーストプレス）
●『１００の思考実験』（ジュリアン・バジーニ向井和美訳紀伊國屋書店）
●『ニュートン別冊絵でわかるパラドックス大百科』（ニュートンプレス）
●『ニュートン別冊哲学』（ニュートンプレス）
●『ニュートン別冊錯覚の心理学』（ニュートンプレス）
●『ニュートン別冊楽しみながら身につく論理的思考』（ニュートンプレス）
●Ward Edwards,"Conservatism in Human information Processing," in Judgement under
●Uncertainty:Heuristics and Biases,edited by Daniel Kahneman,Paul Slovic and Amos Tversky,Cambrige
●University Press,1968.
●Shams,L.,Kamitani,Y&Shimoj,S.What you see is what you hear.Nature Volume 408,page 788（2000）.
●森川和則，映像メディア学会誌 Vol.69,No8,pp.842 ～ 847（2015）_